KOMMUNIKATION FÜR PAARE

Effektive Kommunikation in Beziehungen mit 94 praktischen Übungen und Tipps.

Verbessern, heilen und retten Sie Ihr Beziehungs- und Sexualleben.

Auch für Paare mit Kindern.
+ 30 Praktische Techniken für den Ausdruck von Bedürfnisse

ANJA ZIMMERMAN

BONUS FREE

Laden Sie den praktischen Leitfaden jetzt herunter: Fortgeschrittene Techniken zum Ausdruck von Bedürfnissen und Wünschen

https://forms.gle/SpGyDyRQ5NHoRjeY6

A BOOK FOR
PRESS

KOMMUNIKATION FÜR PAARE

Effektive Kommunikation in Beziehungen mit 94 praktischen Übungen und Tipps. Verbessern, heilen und retten Sie Ihr Beziehungs- und Sexualleben. Auch für Paare mit Kindern. + 30 Praktische Techniken für den Ausdruck von Bedürfnisse

wurde veröffentlicht von „A Book For press"

www.abookforpress.com
info@abookforpress.com

Melden Sie sich für FREE BOOKS in unserer E-Mail-Liste an

abookforpress.com/free-books-de/

und treten Sie der Facebook-Gruppe
für kostenlose und neue Bücher bei.

@abookforpress

EINFÜHRUNG

Die Wahrheit ist, dass effektive Kommunikation in einer Partnerschaft von großer Bedeutung ist, um eine stabile und verständnisvolle Beziehung aufrechtzuerhalten. Ohne die Fähigkeit zur Kommunikation befindet sich eine Person in einer intimen Beziehung in einer Situation des deutlichen Nachteils.

Sind Sie verliebt oder gerade erst verheiratet? Haben Sie Schwierigkeiten, sich Ihrem Partner zu öffnen? Lesen Sie weiter, um eine kurze Vorstellung davon zu erhalten, wie Sie ein Gespräch mit ihm beginnen können.

Ohne die Fähigkeit, sich auszudrücken, zuzuhören und miteinander zu kommunizieren, werden Partner oder Paare niemals das gewünschte Maß an Intimität in ihrer Beziehung erreichen können. Indem sie ihre Kommunikationsfähigkeiten entwickeln, werden Paare nicht nur in der Lage sein, eine tiefe Beziehung aufzubauen, sondern auch aufrechtzuerhalten.

Das grundlegende Problem hinter effektiver Kommunikation in einer Partnerschaft besteht darin, dass keiner der beiden versucht, die Realität dessen zu verstehen, was der andere sagt. Kommunikation geht darum, dass zwei Personen zusammenarbeiten und all ihre Gefühle, Ideen und Gedanken teilen.

Eine effektive Kommunikation zwischen Partnern umfasst folgende Punkte:

- Den richtigen Ansatz für Gespräche mit dem Partner finden.

- Zuhören und mit dem Partner sprechen, um eine gemeinsame Verständigung zu erreichen.

- Bei der Kommunikation mit dem Partner gibt es einige negative Kommunikationsmuster, von denen alle sich bewusst sein sollten. Diese negativen Gefühle beeinträchtigen den gesamten Kommunikationsprozess. Es gibt jedoch Techniken, die angewendet werden können, um diese Barrieren zu überwinden.

Das Ziel des Buches ist einfach: Es ist ein umfassender Leitfaden, um zu verstehen, wie man gut mit dem anderen kommuniziert. Es konzentriert sich auf die Kommunikation in der Partnerschaft, Liebstherapie und verschiedene Methoden zur Verbesserung des Dialogs. Es legt auch den Fokus auf die Steigerung der Intimität und das Überwinden von Ängsten, die damit verbunden sein können.

Wir werden auch folgende Themen behandeln:

- Die Gründe für das Scheitern einer Beziehung.

- Wie man die häufigsten Fehler erkennt und korrigiert.

- Reverse Engineering eurer Beziehung zu bewussten Gewohnheiten.

\

- Die Überprüfung eurer aktuellen Situation im Vergleich zu dem Punkt, an dem alles begonnen hat.

- Das Vergleichen von Notizen über euer Glück und eure zukünftigen Ziele und daran arbeiten.

- Die Verwendung von Gewohnheiten, um eure Liebe wieder aufleben zu lassen.

- 20 Fähigkeiten für außergewöhnliche Beziehungen.

- Die Vorteile des Aufbaus einer bewussten Beziehung.

- Wichtige Fähigkeiten für Paare, die Freunde sind.

- Wichtige Fähigkeiten für Paare mit Kindern.

INHALTSÜBERSICHT

KAPITEL 1

Die Bedeutung der Kommunikation in einer Beziehung.

Liebe Leserin, lieber Leser, nimm dir einen Moment Zeit zum Nachdenken: Wann hast du das letzte Mal wirklich auf deine Worte und die Art und Weise, wie du sie verwendest, geachtet? Die Kommunikation ist so etwas wie die Luft, die wir atmen. Sie ist so allgegenwärtig in unserem Leben, so fundamental für unser Dasein, dass wir sie manchmal als selbstverständlich betrachten.

Doch in Wirklichkeit ist Kommunikation eine Kunst. Sie ist der feine Faden, der Menschen verbindet, Beziehungen und Intimität schafft. Durch Kommunikation drücken wir unsere Gedanken, Gefühle, Wünsche und Ängste aus. Sie ist ein mächtiges Werkzeug, und wie jedes Werkzeug kann sie zum Aufbau oder zum Zerstören genutzt werden.

Nehmen wir zum Beispiel eine Liebesbeziehung. Egal wie tief die Liebe ist, die zwei Menschen verbindet, ohne effektive Kommunikation besteht die Gefahr, dass diese Beziehung brüchig wird und ihre Lebenskraft verliert. Denn Kommunikation geht über den Austausch von Worten hinaus. Es geht darum, zu verstehen und verstanden zu werden, auszudrücken und aufzunehmen, zu teilen und zu empfangen. Effektive Kommunikation ist wie Tanzen. Es erfordert Synchronität, Zuhören, gegenseitiges Verständnis. Wenn zwei Menschen effektiv kommunizieren, stimmen ihre Schritte überein und erzeugen einen harmonischen, fließenden und schönen Tanz. Doch wenn die Kommunikation ineffizient ist, wird der Tanz unangenehm, die Schritte kollidieren und der Rhythmus geht verloren.

Vielleicht fragst du dich: Wie weiß ich, ob ich effektiv kommuniziere? Das ist eine grundlegende Frage, und im Laufe dieses Buches werden wir gemeinsam nach Antworten suchen. Doch vorerst will ich dir einen kleinen Hinweis geben. Effektive Kommunikation wird nicht anhand der Menge der ausgesprochenen Worte gemessen, sondern anhand der Qualität der Verbindungen, die du herstellst. Es geht darum, gehört und verstanden zu werden, zu verstehen und verstanden zu werden.

Das ist der Grund, warum Kommunikation so wichtig ist. Sie ist die Brücke, die uns mit anderen verbindet, die es uns ermöglicht, im weiten Ozean der menschlichen Beziehungen zu navigieren. Es ist eine Kunst, die Übung, Geduld und vor allem Bewusstsein erfordert.

\

Betrachte Kommunikation nicht nur als ein Mittel, um Informationen zu übermitteln, sondern als ein Werkzeug, um Beziehungen aufzubauen, um zu verstehen und verstanden zu werden. Beachte deine Worte, deine Gesten, den Ton deiner Stimme. Achte darauf, wie du kommunizierst und wie andere mit dir kommunizieren. In diesem Buch werde ich dich auf eine Reise der Entdeckung und des Lernens mitnehmen, um dir zu helfen, die Kunst der Kommunikation besser zu verstehen und sie zu nutzen, um deine Beziehungen zu verbessern. Ich werde dir Werkzeuge, Techniken und praktische Übungen an die Hand geben, die du im Alltag anwenden kannst. Ich hoffe, du begleitest mich auf dieser aufregenden und bedeutungsvollen Reise.

Jetzt lade ich dich ein, mit offenem Herzen und neugierigem Geist weiterzugehen. Denn wie der große Psychologe Carl Rogers einst sagte: "Wenn jemand sich gehört und verstanden fühlt, erblüht er." Und ist das nicht genau das, wonach wir uns alle sehnen?

Lassen Sie uns nun zur Paardimension übergehen. Haben Sie jemals versucht, ein Kartenhaus zu bauen? Wenn Sie diese Erfahrung gemacht haben, wissen Sie, dass die Stabilität des gesamten Hauses von der Position jeder einzelnen Karte abhängt. Jede Karte muss sorgfältig platziert werden, sonst droht das gesamte Gebilde einzustürzen. In einer Paarbeziehung ist die Kommunikation wie diese Schlüsselkarte. Wenn sie richtig platziert ist, kann die gesamte Beziehung gedeihen. Andernfalls kann sie ins Wanken geraten.

Jedes Paar hat seine eigene einzigartige Sprache, eine Reihe von ungeschriebenen Codes, die sich im Laufe der Zeit entwickeln. Diese können bestimmte Blicke, Gesten, Worte oder Sätze umfassen, die für dieses Paar eine besondere Bedeutung haben. In diesem Sinne ist die Kommunikation in einer Paarbeziehung ein zutiefst persönlicher und intimer Prozess. Gleichzeitig gibt es jedoch auch einige universelle Prinzipien, die jedem Paar helfen können, effektiver zu kommunizieren.

Erstens ist es wichtig zu verstehen, dass Kommunikation nicht auf Worte beschränkt ist. Tatsächlich findet der Großteil unserer Kommunikation auf nonverbaler Ebene statt, durch Körpersprache, Tonfall, Blickkontakt. Manchmal kann eine Umarmung viel mehr ausdrücken als tausend Worte.

\

Zweitens erfordert effektive Kommunikation aktives Zuhören. Das bedeutet nicht nur, die Worte Ihres Partners zu hören, sondern auch zu versuchen, die Gefühle und Gedanken hinter diesen Worten zu verstehen. Es bedeutet, aufmerksam zu sein, Empathie zu zeigen und authentisch zu antworten.

Des Weiteren beinhaltet effektive Kommunikation die Fähigkeit, die eigenen Gedanken und Gefühle klar, ehrlich und respektvoll auszudrücken. Es geht nicht darum, Anschuldigungen zu machen oder sich zu verteidigen, sondern darum, die eigenen inneren Erfahrungen zu teilen. Dies kann etwas Übung erfordern, besonders wenn man es nicht gewohnt ist, seine Gefühle auszudrücken, aber es lohnt sich definitiv.

Ein weiterer entscheidender Aspekt der Kommunikation in einer Paarbeziehung ist die Konfliktbewältigung. Es ist unvermeidlich, in einer Beziehung Meinungsverschiedenheiten zu haben, aber der Schlüssel liegt darin, wie man damit umgeht. Anstatt den Konflikt als einen Kampf ums Gewinnen zu betrachten, versuchen Sie, ihn als eine Gelegenheit zu sehen, Ihren Partner besser zu verstehen und gemeinsam zu wachsen. Zu guter Letzt, denken Sie daran, dass Kommunikation ein gegenseitiger Prozess ist. Es reicht nicht aus, ein guter Redner zu sein, man muss auch ein guter Zuhörer sein. Und es reicht nicht aus, ein guter Zuhörer zu sein, man muss auch in der Lage sein, seine eigenen Gedanken und Gefühle auszudrücken.

Denken Sie, lieber Leser, darüber nach, wie Sie diese Prinzipien in Ihrer Beziehung anwenden können. Und erinnern Sie sich daran, dass die Reise zu einer effektiven Kommunikation mit einem einzigen Schritt beginnt. Sind Sie bereit, diesen Schritt zu gehen?

Nun gehen wir ins Detail der Kommunikation. Insbesondere werden wir uns auf "Die Kommunikationswege" konzentrieren. Warum ist es wichtig, diese Unterscheidung zu treffen, fragst du dich vielleicht? Die Antwort ist einfach: Nicht alle kommunizieren auf die gleiche Weise. Wie Fingerabdrücke ist unser Kommunikationsstil einzigartig und persönlich. Daher ist es entscheidend, die Kommunikationswege deines Partners zu verstehen und zu respektieren.

Also, lassen Sie uns damit beginnen, zu definieren, was mit Kommunikationswegen gemeint ist. Im Allgemeinen kann man sagen, dass es sich um die Art und Weise handelt, wie wir Informationen übermitteln und empfangen. Dies kann verschiedene Aspekte umfassen, wie Körpersprache, Tonfall, Sprechgeschwindigkeit und sogar Stille. Ja, du hast es richtig verstanden, Stille ist eine kraftvolle Form der Kommunikation. Wir können die Kommunikationswege in zwei Hauptkategorien einteilen: verbale und nonverbale Kommunikation. Verbale Kommunikation bezieht sich auf die Worte, die wir verwenden, die Satzstruktur, den Tonfall. Es ist der direkteste Aspekt der Kommunikation, der uns in den Sinn kommt, wenn wir über das Konzept des "Sprechens" nachdenken. Aber wie bereits erwähnt, besteht Kommunikation nicht nur aus Worten. Die nonverbale Kommunikation ist ebenso wichtig, wenn nicht sogar wichtiger. Diese Kategorie umfasst Körpersprache, Gesichtsausdruck, Blickkontakt, Körperhaltung, Gesten. Jedes Detail hat eine

Bedeutung und kann wertvolle Informationen vermitteln. Zum Beispiel kann ein Lächeln Glück, Zufriedenheit, Ironie, aber auch Nervosität oder Verlegenheit ausdrücken. Verstehst du nun, warum es so wichtig ist, auf diese Signale zu achten?

Nun gehen wir einen Schritt weiter. Hast du schon einmal von "kommunikativen Vorlieben" gehört? Dieser Begriff bezieht sich auf die bevorzugte Art und Weise einer Person, Informationen zu empfangen und zu übermitteln. Manche bevorzugen die persönliche Kommunikation, andere per Telefon, andere per Textnachricht oder E-Mail. Manche sind visueller, andere auditiver, wieder andere kinästhetischer veranlagt. Die Kenntnis der kommunikativen Vorlieben deines Partners kann einen großen Unterschied machen. Du wirst dich fragen, wie du diese Vorlieben herausfinden kannst. Eine Möglichkeit besteht darin, deinen Partner aufmerksam zu beobachten und zuzuhören. Achte darauf, wie er kommuniziert, welche Methoden er verwendet und wie er auf deine Worte und Gesten reagiert. Eine andere Möglichkeit besteht darin, offen danach zu fragen. Es mag selbstverständlich erscheinen, aber manchmal ist die einfachste Lösung auch die effektivste. Denke daran, dass Kommunikation eine Reise ist, kein Ziel. Es geht nicht darum, perfekt zu sein, sondern präsent, authentisch und bereit, sich zu verbessern. Deshalb ermutige ich dich, zu experimentieren, neue Kommunikationswege auszuprobieren und offen für neue Möglichkeiten zu sein.

\

Für den Moment lade ich dich ein, über das Gelesene nachzudenken, dir Zeit zu nehmen, um dich selbst und deinen Partner zu beobachten, deine Erfolge zu feiern und aus Fehlern zu lernen. Denn wie der Schriftsteller George Bernard Shaw sagte: "Das größte Problem bei der Kommunikation ist die Illusion, dass sie stattgefunden hat." Lass diese Illusion nicht deine Beziehung beeinträchtigen. Bist du bereit, weiterzugehen?

KAPITEL 2

Richtiges Zuhören: Jenseits der Worte

Was ist aktives Zuhören?

Was ist aktives Zuhören? Warum ist es so wichtig? Und wie kann es deine Beziehung transformieren? Dies sind die Fragen, auf die wir versuchen werden, Antworten zu finden.

Lassen Sie uns mit einer Definition beginnen. Aktives Zuhören ist eine Art des Zuhörens und Reagierens auf eine andere Person, die das gegenseitige Verständnis verbessert. Es geht nicht nur darum, die Worte, die die andere Person sagt, zu hören, sondern sie vollständig zu verstehen. Beim aktiven Zuhören bist du vollständig auf deinen Partner konzentriert und zeigst ein echtes Interesse an dem, was er oder sie sagt und fühlt.

Warum ist das so wichtig? In einem Wort: Verbindung. Aktives Zuhören schafft eine Brücke zwischen dir und deinem Partner, ermöglicht es euch, einander besser zu verstehen. Es kann helfen, Konflikte zu lösen, gegenseitiges Verständnis aufzubauen und die emotionale Bindung zu stärken. Es ist eine der mächtigsten Fähigkeiten, die du entwickeln kannst, um deine Beziehung zu verbessern.

Lassen Sie uns nun sehen, wie man aktives Zuhören in die Praxis umsetzt. Der erste Schritt besteht darin, deinem Partner volle Aufmerksamkeit zu schenken. Das bedeutet, Ablenkungen beiseite zu legen, deinen Partner in die Augen zu schauen und mit deiner Körpersprache zu zeigen, dass du vollständig auf ihn oder sie konzentriert bist. Der zweite Schritt besteht darin, offene Fragen zu stellen. Dies sind Fragen, die nicht mit einem einfachen "Ja" oder "Nein" beantwortet werden können. Sie ermöglichen es dir, die Gedanken und Gefühle deines Partners genauer zu erkunden und zeigen dein echtes Interesse, wirklich zu verstehen.

Der dritte Schritt besteht darin, zu paraphrasieren. Das bedeutet, mit eigenen Worten auszudrücken, was du denkst, dass dein Partner sagen möchte. Es ist eine kraftvolle Möglichkeit zu zeigen, dass du aufmerksam zuhörst und seinen Standpunkt verstehen möchtest. Der vierte Schritt besteht darin, Empathie zu zeigen. Das bedeutet, die Gefühle deines Partners anzuerkennen und zu validieren, auch wenn du nicht mit ihm oder ihr übereinstimmst. Empathie schafft einen sicheren Raum, in dem sich dein Partner verstanden und akzeptiert fühlt. Aktives Zuhören ist ein Prozess, kein Ziel. Du solltest dich nicht darum sorgen, es perfekt zu machen, sondern dein Bestes geben, um dich zu verbessern. Wenn du auf Schwierigkeiten stößt, lass dich nicht entmutigen. Übung macht den Meister.

Zusammenfassend ist aktives Zuhören eine wertvolle Fähigkeit, die deine Beziehung transformieren kann. Ich lade dich ein, es in die Praxis umzusetzen, zu experimentieren und selbst die Kraft des aktiven Zuhörens zu entdecken. Und denke daran, wie der Psychologe Carl Rogers sagte: "Wenn eine Person sich verstanden fühlt, fühlt sie sich geliebt".

Ist das nicht, was wir uns alle in einer Beziehung wünschen?

Die Bedeutung des aktiven Zuhörens in einer Paarbeziehung

Das aktive Zuhören ist eine der grundlegendsten kommunikativen Fähigkeiten für eine gesunde und erfüllende Paarbeziehung. Es geht nicht nur darum, die Worte des Partners zu hören, sondern auch empathisch und bewusst auf seine Gefühle und Ideen zu reagieren. Es ist ein Akt vollkommener Präsenz, bei dem du deine eigenen Gedanken, Urteile und Sorgen beiseite legst, um dich vollständig auf das zu konzentrieren, was dein Partner ausdrückt.

Aber warum ist aktives Zuhören so entscheidend für eine Paarbeziehung? Hier sind einige der Hauptgründe:

1. Verbessert gegenseitiges Verständnis: Wenn du aktives Zuhören praktizierst, stimmt es dich auf das ein, was dein Partner wirklich kommunizieren möchte, auch jenseits der ausgesprochenen Worte. Dadurch entsteht ein tieferes Verständnis für seine Emotionen, Wünsche und Bedenken.

2. Löst Konflikte: Die meisten Konflikte in einer Beziehung entstehen aus Missverständnissen. Aktives Zuhören kann dabei helfen, diese Konflikte zu verhindern oder zu lösen, da es dir ermöglicht, die Perspektive deines Partners zu verstehen und empathisch und konstruktiv zu antworten.

3. Stärkt die emotionale Bindung: Wenn du dich gehört und verstanden fühlst, fühlst du dich deinem Partner näher. Aktives Zuhören kann daher die emotionale Bindung zwischen dir und deinem Partner stärken und das Gefühl von Intimität und Vertrauen erhöhen.

4. Fördert gegenseitigen Respekt: Aktives Zuhören ist ein Zeichen von Respekt. Es zeigt, dass du die Gedanken und Gefühle deines Partners wertschätzt und bereit bist, Zeit und Aufmerksamkeit aufzubringen, um ihn zu verstehen.

\

5. Schafft eine sichere Umgebung: Wenn du aktives Zuhören praktizierst, schaffst du eine Umgebung, in der sich dein Partner sicher fühlt, seine wahren Gefühle und Gedanken auszudrücken. Dies kann zu einer authentischeren und tieferen Kommunikation führen.

Denke daran, dass aktives Zuhören kein Ziel ist, sondern ein Prozess. Es ist eine Fähigkeit, die mit Übung entwickelt wird, und jeder Schritt, so klein er auch sein mag, kann zu bedeutenden Verbesserungen in deiner Beziehung führen. Unterschätze nicht die Kraft des aktiven Zuhörens: Es ist einer der Schlüssel zum Aufbau einer starken, gesunden und dauerhaften Paarbeziehung.

Die Bedeutung des aktiven Zuhörens in der Elternschaft

Die Bedeutung des aktiven und aufmerksamen Zuhörens ist nicht nur wichtig für die Bindung zwischen Partnern, sondern auch in der Elternschaft. Das Vorhandensein von Kindern in einer Beziehung fügt eine neue Dimension zur Kommunikationsdynamik hinzu und macht aktives Zuhören zu einem entscheidenden Werkzeug, um Harmonie und Verständnis innerhalb der Familie aufrechtzuerhalten.

Die Vorteile des aktiven Zuhörens werden verstärkt, wenn es um die Interaktion mit den eigenen Kindern geht. Besonders in den frühen Lebensjahren entwickeln Kinder noch ihre kommunikativen Fähigkeiten. Sie verlassen sich stark auf ihre Eltern, um die Welt um sich herum zu verstehen. Aktives Zuhören zeigt den Kindern, dass ihre Meinungen und Gefühle gültig sind und fördert dadurch ihr Selbstwertgefühl und ihre Sicherheit.

Paare mit Kindern können, indem sie aktiv miteinander zuhören, positive Kommunikationsverhaltensweisen für ihre Kinder vorleben. Kinder lernen von dem, was sie sehen, und wenn sie ihre Eltern effektiv kommunizieren sehen, lernen sie die Bedeutung von gegenseitigem Respekt, Verständnis und Empathie.

In stressigen Situationen wie der Elternschaft kann aktives Zuhören den Unterschied zwischen einer konstruktiven Diskussion und einem Streit ausmachen. Sich Zeit nehmen, um dem Partner und den Kindern wirklich zuzuhören, ihre Gefühle und Sorgen zu verstehen, kann Missverständnissen und Spannungen vorbeugen.

Darüber hinaus kann aktives Zuhören dazu beitragen, die Bindung zwischen den Partnern zu stärken. Wenn sich jeder gehört und verstanden fühlt, entwickelt sich ein Gefühl gegenseitiger Wertschätzung, das zur Aufrechterhaltung der Intimität in der Beziehung beitragen kann.

Schließlich kann aktives Zuhören in der Elternschaft ein effektives Mittel sein, um Kinder durch Herausforderungen zu führen. Indem man ihren Sorgen und Problemen aufmerksam zuhört, können Eltern angemessene Unterstützung und Anleitung bieten.

Aktives Zuhören ist eine wesentliche Komponente der Kommunikation für Paare mit Kindern. Es kann die Qualität der Beziehung zwischen den Partnern verbessern, ein positives Vorbild für die Kinder sein und helfen, die Herausforderungen der Elternschaft auf effektive und liebevolle Weise zu bewältigen.

Vertiefung: Techniken des aktiven Zuhörens zwischen Partnern und für Paare mit Kindern

1. Halte Augenkontakt

Augenkontakt ist ein kraftvolles Zeichen der Aufmerksamkeit. Wenn du deinen Partner während des Gesprächs ansiehst, signalisierst du ihm, dass du vollständig präsent und auf ihn konzentriert bist. Denke jedoch daran, dass der Augenkontakt natürlich und bequem sein sollte und nicht zu intensives Starren, das deinen Partner unbehaglich machen könnte.

Praktische Übung: Versuche während Gesprächen einen bequemen Augenkontakt mit deinem Partner aufrechtzuerhalten. Beachte, ob dies die Qualität eurer Kommunikation verändert.

2. Zeige nonverbale Zeichen des Zuhörens

Nonverbale Zeichen des Zuhörens wie Nicken, lächeln oder Ausdrücke von Empathie können das aktive Zuhören verstärken. Diese Gesten zeigen deinem Partner, dass du dem Gespräch folgst und dich für das interessierst, was er sagt.

Praktische Übung: Mache dir bei deinem nächsten Gespräch mit deinem Partner bewusst, nonverbale Zeichen des Zuhörens zu zeigen. Achte darauf, wie dies die Reaktion deines Partners beeinflusst.

3. Unterbrich nicht

Deinen Partner beim Sprechen zu unterbrechen ist ein Zeichen von Respektlosigkeit und kann eine effektive Kommunikation behindern. Wenn du aktives Zuhören praktizierst, musst du deinem Partner erlauben, seine Gedanken und Gefühle ohne Unterbrechungen auszudrücken.

Praktische Übung: Versuche dich bei deinem nächsten Gespräch bewusst darauf zu konzentrieren, deinen Partner nicht zu unterbrechen. Wenn du bemerkst, dass du dabei bist, unterbreche dich selbst und höre wieder aktiv zu.

4. Stelle offene Fragen

Offene Fragen können nicht einfach mit "Ja" oder "Nein" beantwortet werden, sondern erfordern eine ausführlichere Antwort. Diese Fragen helfen dabei, das Gespräch zu vertiefen und zeigen deinem Partner, dass du wirklich daran interessiert bist, was er zu sagen hat.

Praktische Übung: Versuche während deiner Gespräche mit deinem Partner offene Fragen zu stellen. Anstatt zu fragen "Hat dir der Film gefallen?", könntest du fragen "Was hat dir am Film gefallen?".

5. Paraphrasiere und reflektiere

Paraphrasieren bedeutet, mit eigenen Worten das zu wiederholen, was dein Partner gesagt hat, um zu zeigen, dass du seine Botschaft verstanden hast. Reflektieren bedeutet, mit eigenen Worten die Gefühle oder Emotionen auszudrücken, die du bei deinem Partner wahrnimmst.

Praktische Übung: Versuche während eines Gesprächs das Gesagte deines Partners zu paraphrasieren, zum Beispiel indem du sagst "Also, was du sagst ist...". Versuche auch seine Gefühle zu reflektieren, zum Beispiel indem du sagst "Es scheint, als ob du dich... fühlst".

6. Zeige Empathie

Empathie ist die Fähigkeit, die Gefühle anderer zu verstehen und mit ihnen zu teilen. Wenn du aktives Zuhören praktizierst, solltest du versuchen, dich in die Lage deines Partners zu versetzen und seine Perspektive zu verstehen.

Praktische Übung: Versuche dich während eines Gesprächs in die Lage deines Partners zu versetzen. Frage dich, wie er sich fühlen muss und versuche, seine Perspektive zu verstehen.

Andere Übungen:

1. Die "Sprich, Höre, Höre, Sprich"-Regel: Diese Technik beinhaltet, dass einer der Partner spricht, während der andere zuhört, und dann umgekehrt. Das Ziel ist, dass jeder zweimal zuhört, bevor er einmal spricht. Dadurch werden beide Partner ermutigt, dem Zuhören Priorität einzuräumen.

2. Verwenden von "Ich" anstelle von "Du" in Aussagen: Anstatt zu sagen "Du machst nie..." oder "Du bist immer...", verwenden Sie Aussagen wie "Ich fühle mich... wenn..." oder "Ich habe bemerkt, dass...". Diese Methode kann helfen, Angriff und Verteidigung zu vermeiden.

3. Nachfragen stellen: Wenn etwas nicht verstanden wird, ist es wichtig, nach Klarstellungen zu fragen, anstatt Annahmen zu treffen. Dies zeigt, dass man daran interessiert ist, vollständig zu verstehen, was der andere zu kommunizieren versucht.

4. Ablenkungen vermeiden: Beim Zuhören des Partners oder des Kindes ist es wichtig, Ablenkungen wie Handys oder Fernseher zu vermeiden. Blickkontakt aufrechtzuerhalten kann zeigen, dass man sich vollständig auf das Zuhören konzentriert.

5. Urteilsfrei zuhören: Es ist wichtig, dem Partner oder Kind zuzuhören, ohne Urteile oder Kritik zu formulieren. Das Ziel des aktiven Zuhörens ist es nicht, Probleme zu lösen, sondern die Erfahrung des anderen zu verstehen.

Durch das Üben dieser Techniken kann ein Paar mit Kindern die Kommunikation erheblich verbessern und ein Klima des Verständnisses und des gegenseitigen Respekts fördern. Denke daran, dass aktives Zuhören eine Fähigkeit ist, die Übung erfordert. Lass dich also nicht entmutigen, wenn es anfangs schwierig ist. Mit der Zeit und Übung wird es natürlicher werden.

KAPITEL 3

Die Barrieren effektiver Kommunikation

Identifizierung von Barrieren in der effektiven Kommunikation

Lassen Sie uns nun in das Herz eines fundamentalen Aspekts der Kommunikation in einer Partnerschaft eintauchen: die Fähigkeit, Barrieren zu identifizieren, die den Kommunikationsfluss behindern können. Das Verständnis dafür, wie und warum die Kommunikation blockiert oder ineffektiv werden kann, ist der erste Schritt, um diese Barrieren zu überwinden und eine fließendere und bedeutungsvollere Kommunikation zu entwickeln.

Kommunikation ist nicht nur der Austausch von Worten. Es ist ein komplexer Prozess, der verbale Äußerungen, Körpersprache, Tonfall und sogar Stille umfasst. Oft wird die Kommunikation durch Barrieren, sowohl interne als auch externe, verzerrt oder blockiert.

Eine der ersten Barrieren, auf die Sie stoßen könnten, ist mangelndes Selbstbewusstsein. Wenn Sie nicht in der Lage sind, Ihre eigenen Gefühle zu verstehen und auszudrücken, wie können Sie sie effektiv an Ihren Partner kommunizieren? Mangelndes Selbstbewusstsein kann zu Missverständnissen, Frustrationen und Konflikten führen. Es könnte hilfreich sein, einen Moment innezuhalten und darüber nachzudenken, was Sie fühlen und warum, bevor Sie versuchen, es Ihrem Partner mitzuteilen.

Ein weiteres häufiges Hindernis für effektive Kommunikation ist das Fehlen von aktivem Zuhören. Wie wir im vorherigen Kapitel besprochen haben, ist aktives Zuhören eine wesentliche Fähigkeit für effektive Kommunikation. Wenn Sie passiv zuhören oder abgelenkt sind, verpassen Sie einen wichtigen Teil der Botschaft, die Ihr Partner zu vermitteln versucht.

Individuelle Unterschiede zwischen den Partnern können ebenfalls Barrieren schaffen. Jeder Mensch hat seinen eigenen Kommunikationsstil, basierend auf seiner Persönlichkeit, kulturellen Hintergrund und Erziehung. Einige bevorzugen einen direkten und offenen Ansatz, während andere subtiler und indirekter kommunizieren. Diese Unterschiede können zu Verwirrung und Missverständnissen führen, wenn sie nicht erkannt und bewältigt werden.

\

Die Angst vor Konflikten ist ein weiteres häufiges Hindernis. Viele Menschen meiden Themen, die zu Konflikten führen könnten, und ziehen es vor, den Frieden zu wahren, auch wenn sie dadurch ihre eigenen Gefühle oder Bedürfnisse nicht ausdrücken. Allerdings führt das Vermeiden von Problemen nur dazu, dass sie sich ansammeln und zu unausgesprochenen Groll und Spannungen führen.

Schließlich können externe Probleme wie beruflicher Stress, gesundheitliche Probleme oder familiäre Angelegenheiten Barrieren in der Kommunikation schaffen. Wenn man gestresst oder besorgt ist, kann man emotional weniger verfügbar sein und möglicherweise weniger in der Lage sein, dem Partner aufmerksam zuzuhören.

Dies sind nur einige der Barrieren, die die Kommunikation in einer Partnerschaft behindern können. Ihre Identifizierung ist der erste Schritt, um sie zu überwinden. Es ist wichtig zu bedenken, dass es keine universelle Lösung gibt: Jede Partnerschaft ist einzigartig, und was für ein Paar funktioniert, funktioniert möglicherweise nicht für ein anderes. Mit Bewusstsein und Übung können jedoch Strategien entwickelt werden, um diese Barrieren zu überwinden und die Kommunikation in der Partnerschaft zu verbessern.

Im nächsten Abschnitt werden wir genauer erkunden, wie diese Barrieren überwunden werden können und wie effektive Strategien für eine offene und ehrliche Kommunikation umgesetzt werden können.

—

Überwindung der Kommunikationsbarrieren

Jetzt, da Sie einige der Hauptbarrieren identifiziert haben, die die Kommunikation in Ihrer Beziehung behindern können, ist es an der Zeit, zu besprechen, wie man sie überwinden kann. Denken Sie daran, dass Sie durch das Lesen dieser Worte und den Wunsch, die Kommunikation in Ihrer Beziehung zu verbessern, Stärke und Engagement zeigen. Jeder Schritt, auch der kleinste, ist ein Schritt in die richtige Richtung.

Beginnen Sie damit, an Ihrer Selbstwahrnehmung zu arbeiten. Das bedeutet nicht nur, sich Ihrer Emotionen und Gefühle bewusst zu sein, sondern auch zu verstehen, wie sie Ihre Kommunikation beeinflussen. Zum Beispiel könnten Sie feststellen, dass Sie sich zurückziehen oder die Kommunikation vermeiden, wenn Sie gestresst oder wütend sind. Indem Sie diese Muster erkennen, können Sie bewusste Veränderungen in Ihrem Kommunikationsverhalten vornehmen.

Das Üben von aktivem Zuhören, wie wir es im vorherigen Kapitel besprochen haben, ist ein weiterer grundlegender Schritt, um Kommunikationsbarrieren zu überwinden. Indem Sie aufmerksam zuhören, Empathie zeigen und Ihrem Partner Raum geben, sich auszudrücken, können Sie einen großen Unterschied in der Qualität Ihrer Kommunikation bewirken. Denken Sie daran, dass Zuhören nicht nur bedeutet, darauf zu warten, dass Sie an der Reihe sind zu sprechen, sondern wirklich darauf zu achten, was Ihr Partner sagt, und zu versuchen, seine Perspektive zu verstehen.

Wenn es um individuelle Unterschiede geht, ist Respekt der Schlüssel. Jede Person hat ihren eigenen einzigartigen Kommunikationsstil, und keiner dieser Stile ist intrinsisch besser oder schlechter als die anderen. Versuchen Sie zu verstehen, wie Ihr Partner kommuniziert, und passen Sie Ihren eigenen Kommunikationsstil entsprechend an. Es kann hilfreich sein, offen über Ihre Unterschiede zu diskutieren und nach einem Kompromiss zu suchen, der für beide funktioniert.

Die Angst vor Konflikten ist eine Barrieren, die schwer zu überwinden ist, aber es ist wichtig, sich daran zu erinnern, dass Konflikte nicht unbedingt etwas Negatives sind. Tatsächlich kann ein Konflikt eine Gelegenheit sein, zu wachsen und voneinander zu lernen. Wenn er konstruktiv angegangen wird, kann er zu einem tieferen Verständnis und einer effektiveren Kommunikation führen. Wichtig ist, Probleme anzusprechen, sobald sie auftauchen, anstatt sie zu vermeiden oder anzuhäufen.

Schaffen Sie schließlich einen sicheren Raum für die Kommunikation. Das bedeutet, Ablenkungen zu beseitigen, Zeit für Gespräche zu nehmen und sicherzustellen, dass sich beide gehört und respektiert fühlen. Wenn externe Probleme Ihre Fähigkeit zur Kommunikation beeinträchtigen, versuchen Sie, diese zu lösen oder Wege zu finden, um damit umzugehen.

Das Überwinden von Kommunikationsbarrieren erfordert Zeit, Übung und Geduld. Aber mit Engagement ist es möglich, die Kommunikation in Ihrer Beziehung zu verbessern und eine stärkere und erfüllendere Bindung aufzubauen. Im nächsten Abschnitt werde ich Ihnen einige praktische Übungen vorstellen, die Ihnen helfen sollen, mit Kommunikationsbarrieren umzugehen.

Übungen zur Bewältigung von Kommunikationsbarrieren

Übungen zur Bewältigung von Kommunikationsbarrieren

Jetzt, da wir darüber gesprochen haben, wie man Kommunikationsbarrieren identifiziert und überwindet, ist es an der Zeit, dieses Wissen in die Praxis umzusetzen. Die folgenden Übungen sind darauf ausgelegt, Ihnen dabei zu helfen, Kommunikationsbarrieren zu bewältigen und Ihre Fähigkeit zur effektiven Kommunikation zu verbessern.

1. Selbstbewusstseinsübung

Wie bereits erwähnt, ist Selbstbewusstsein ein entscheidender Aspekt, um Kommunikationsbarrieren zu überwinden. Diese Übung hilft Ihnen, sich mehr darüber bewusst zu werden, wie Ihre Emotionen und Gefühle Ihre Kommunikation beeinflussen.

\

Führen Sie eine Woche lang ein Tagebuch über Ihre Kommunikation mit Ihrem Partner. Notieren Sie bei jedem bedeutenden Gespräch, wie Sie sich vor, während und nach dem Gespräch gefühlt haben. Versuchen Sie herauszufinden, wie Ihre Emotionen Ihre Kommunikation beeinflusst haben. Überprüfen Sie nach einer Woche Ihre Notizen und suchen Sie nach Mustern. Verwenden Sie diese Informationen, um bewusste Veränderungen in Ihrem kommunikativen Verhalten vorzunehmen.

2. Praxis des aktiven Zuhörens

Dies ist eine Übung, die Sie als Paar gemeinsam durchführen können. Wir haben das Thema im vorherigen Kapitel ausführlich behandelt. Hier ist jedoch eine kurze Übung, die Sie sofort ausprobieren können: Wählen Sie ein Diskussionsthema aus, es kann etwas Leichtes oder ein ernstes Problem sein. Einer von Ihnen spricht für fünf Minuten, während der andere aktiv zuhört. Das bedeutet, sich vollständig auf das zu konzentrieren, was der andere sagt, ohne zu unterbrechen oder mentale Antworten zu formulieren. Nach fünf Minuten tauschen Sie die Rollen um. Am Ende besprechen Sie gemeinsam, wie Sie sich während der Übung gefühlt haben.

3. Respektieren der Unterschiede-Übung

—

In dieser Übung geht es darum, die Unterschiede in Ihren Kommunikationsstilen zu identifizieren und offen darüber zu diskutieren. Jeder von Ihnen erstellt eine Liste Ihrer persönlichen Kommunikationseigenschaften und vergleicht sie dann miteinander. Diskutieren Sie die Unterschiede und suchen Sie nach einem Kompromiss, der für beide funktioniert.

4. Konfliktmanagementübung

Das Ziel dieser Übung ist es, einen Konflikt konstruktiv anzugehen. Wählen Sie ein Problem oder eine Meinungsverschiedenheit aus, die Sie kürzlich hatten. Anstatt sofort darüber zu diskutieren, nehmen Sie sich getrennt Zeit, um darüber nachzudenken und Ihre Gedanken und Gefühle aufzuschreiben. Wenn Sie bereit sind, teilen Sie Ihre Überlegungen mit und versuchen Sie, die Perspektive des anderen zu verstehen.

5. Schaffen eines sicheren Raums

Schließlich versuchen Sie, einen sicheren Raum für die Kommunikation zu schaffen. Dies kann bedeuten, jeden Tag bestimmte Zeit für Gespräche zu reservieren, Ablenkungen zu beseitigen oder grundlegende Regeln für Diskussionen festzulegen, wie zum Beispiel das Nichtunterbrechen des anderen.

\

Denken Sie daran, diese Übungen sind nur Werkzeuge, um Ihnen bei der Bewältigung von Kommunikationsbarrieren zu helfen. Es gibt keinen Einheitsansatz für alle Paare, also passen Sie diese Übungen an Ihre spezifischen Bedürfnisse an. Und vor allem seien Sie geduldig mit sich selbst und Ihrem Partner.

KAPITEL 4

Fang bei dir an: Selbstbewusstsein, dein Geist, familiäre Dynamiken

Selbstbewusstsein

Die Selbstwahrnehmung ist ein entscheidender Bestandteil effektiver Kommunikation. Wenn du dich selbst besser verstehst - deine Gefühle, deine Gedanken, deine Reaktionen - bist du besser in der Lage, deinen Partner zu verstehen und angemessen darauf zu reagieren. Die Entwicklung von Selbstwahrnehmung ist kein Prozess, der an einem Tag abgeschlossen ist, sondern ein kontinuierlicher und lohnender Prozess, der nicht nur deine Beziehung, sondern auch dein persönliches Wohlbefinden verbessern kann. Aber wo fängt man an?

Fange bei dir selbst an. Selbstwahrnehmung beginnt damit, mit sich selbst in Einklang zu sein. Wie fühlst du dich in diesem Moment? Welche Gedanken gehen dir durch den Kopf? Was passiert in deinem Körper? Nimm dir jeden Tag Zeit, um dich selbst und deine aktuelle Situation zu reflektieren. Es kann hilfreich sein, ein Tagebuch zu führen, um deine Gedanken und Gefühle festzuhalten, oder Meditation und Yoga zu praktizieren, um deine Körperwahrnehmung zu erhöhen.

Erkenne deine Emotionen an. Emotionen sind nicht nur Gefühle, sondern auch Botschaften, die dein Körper dir sendet. Wenn du eine Emotion spürst, frage dich: "Was versucht mir diese Emotion mitzuteilen?" Zum Beispiel kann Wut darauf hinweisen, dass deine Grenzen verletzt wurden, während Traurigkeit auf einen Verlust oder eine Enttäuschung hindeuten könnte. Indem du deine Emotionen ohne Urteil annimmst, kannst du deine Bedürfnisse und Wünsche besser verstehen.

Sei dir deiner Denkmuster bewusst. Gedanken sind mächtig. Sie können deine Emotionen, dein Verhalten und sogar deine Wahrnehmung der Welt beeinflussen. Achte auf deine Gedanken. Sind sie im Allgemeinen positiv oder negativ? Gibt es ein wiederkehrendes Thema oder Muster? Das Erkennen deiner Denkmuster kann dir helfen zu verstehen, wie sie deine Kommunikation und Beziehungen beeinflussen.

\

Erkunde deine Werte und Überzeugungen. Jeder von uns hat eine einzigartige Mischung von Werten und Überzeugungen, die unsere Entscheidungen und Handlungen lenken. Was sind deine grundlegenden Werte? Was ist dir im Leben wichtig? Das Bewusstsein für deine Werte und Überzeugungen kann dir helfen, besser zu verstehen, warum du tust, was du tust, und warum du auf bestimmte Weise reagierst.

Mache dich mit deinen Reaktionen vertraut. Jeder Mensch reagiert auf Situationen unterschiedlich. Einige Menschen werden leicht wütend, andere ziehen sich zurück. Einige reagieren auf Angst mit Hyperaktivität, andere werden lethargisch. Indem du deine typischen Reaktionen auf stressige oder emotionale Situationen erkennst, kannst du deine Reaktionen in Zukunft besser bewältigen.

Praktiziere das Selbst-Zuhören. Aktives Zuhören bezieht sich nicht nur auf das Zuhören der Worte anderer, sondern auch auf das Zuhören deiner selbst. Wenn du sprichst oder reagierst, höre aufmerksam zu, was du sagst und wie du es sagst. Dies kann dir helfen, deine Emotionen und Gedanken in diesem Moment besser zu verstehen. Hole dir Feedback ein. Bitte Freunde, Familie oder deinen Partner um ehrliches Feedback zu deinen Kommunikationsgewohnheiten und Verhaltensweisen. Das Feedback anderer kann dir wertvolle externe Perspektiven bieten und dir helfen, Bereiche zu identifizieren, in denen du dich weiterentwickeln kannst.

Denke daran, Selbstwahrnehmung ist ein Prozess, kein Ziel. Es wird Momente der Entdeckung und Momente der Herausforderung geben. Aber jeder Schritt nach vorne ist ein Schritt in Richtung einer authentischeren und erfüllenderen Kommunikation. Verliere niemals das Ziel aus den Augen, warum du diese Reise begonnen hast: um deine Kommunikation zu verbessern, deinem Partner näher zu kommen und letztendlich deine Beziehung zu verbessern. Nur du bist der Experte über dich selbst. Nur du kannst definieren, wer du bist und was du von deinem Leben und deiner Beziehung möchtest. Also setze deine Erkundung fort mit Geduld, Freundlichkeit und Neugierde für das wunderbare Mysterium, das du bist.

Gesundheitliche psychische Verfassung: Eine wesentliche Zutat für die Paarkommunikation

Wenn ich dich fragen würde, was eine wesentliche Zutat für eine effektive Paarkommunikation ist, was würdest du antworten? Du könntest Empathie, aktives Zuhören oder Konfliktlösungsfähigkeiten in Betracht ziehen. Während all diese Antworten richtig sind, gibt es einen Aspekt, der für eine effektive Kommunikation entscheidend ist: die psychische Gesundheit.

Psychische Gesundheit umfasst unseren emotionalen, psychologischen und sozialen Zustand. Sie beeinflusst unser Denken, Fühlen und Handeln. Sie beeinflusst auch, wie wir mit Stress umgehen, Beziehungen zu anderen aufbauen und Entscheidungen treffen. Kurz gesagt, psychische Gesundheit betrifft das allgemeine Wohlbefinden, und eine gute psychische Gesundheit ist eine Voraussetzung für effektive Paarkommunikation.

Also, was bedeutet es, eine gute psychische Gesundheit zu haben? Es bedeutet, die Herausforderungen des täglichen Lebens bewältigen zu können, produktiv zu arbeiten oder zu studieren, gesunde Beziehungen aufrechtzuerhalten und zur eigenen Gemeinschaft beizutragen. Es bedeutet aber auch, Selbstbewusstsein zu haben, mit Emotionen umgehen zu können, Resilienz bei Lebensstress zu zeigen und eine positive Einstellung zu bewahren.

Aber wie kann man die psychische Gesundheit verbessern? Hier sind einige wichtige Schritte.

Praktiziere Selbstfürsorge. Dies kann körperliche Aktivität, eine ausgewogene Ernährung, ausreichend Schlaf, Zeit zum Entspannen und Spaßhaben sowie Zeit zum Verbinden mit anderen beinhalten. Selbstfürsorge ist ein wesentlicher Aspekt der psychischen Gesundheit und kann dazu beitragen, Stress zu reduzieren und die Stimmung zu verbessern.

Suche Unterstützung. Wenn du dich überfordert, gestresst oder längere Zeit traurig fühlst, suche die Hilfe eines Fachmanns für psychische Gesundheit. Es ist nichts Falsches daran, um Hilfe zu bitten - im Gegenteil, es ist ein Zeichen von Stärke und Selbstbewusstsein.

Lerne, mit Stress umzugehen. Stress ist ein unvermeidlicher Teil des Lebens, aber wie wir damit umgehen, kann einen großen Unterschied für unsere psychische Gesundheit machen. Techniken wie Meditation, Tiefenatmung und progressive Muskelentspannung können sehr effektiv sein.

Entwickle Resilienz. Resilienz ist die Fähigkeit, sich an schwierige Situationen anzupassen und sich davon zu erholen. Du kannst Resilienz durch Optimismus, eine positive Sichtweise auf dich selbst, Akzeptanz von Veränderungen als Teil des Lebens und die Fähigkeit, Probleme zu lösen, entwickeln.

Pflege soziale Verbindungen. Gesunde Beziehungen sind ein wichtiger Bestandteil der psychischen Gesundheit. Zeit mit Menschen zu verbringen, die dich geliebt und geschätzt fühlen lassen, kann dein emotionales Wohlbefinden erheb lich verbessern.

\

Denke daran, deine psychische Gesundheit ist genauso wichtig wie deine körperliche Gesundheit. Wenn du deine Paarkommunikation verbessern möchtest, fange an, dich um deinen Geist zu kümmern. Psychische Gesundheit ist eine Reise, kein Ziel. Also, ob du dich gut fühlst oder kämpfst, gibt es immer Raum für Wachstum und Verbesserung. Du bist nicht allein auf dieser Reise, also zögere nicht, Unterstützung zu suchen, wenn du sie brauchst. Schließlich ist Kommunikation ein Akt des Teilens, und das Teilen deiner Erfahrungen, Gedanken und Gefühle ist ein wesentlicher Schritt hin zu einer effektiveren Paarkommunikation.

Familiäre Dynamiken: Die Rolle in der Familie verstehen

Wenn du inne hältst und darüber nachdenkst, wirst du erkennen, dass viele der Dynamiken in deinen aktuellen Beziehungen, einschließlich deiner Beziehung zu deinem Partner, in den familiären Dynamiken deiner Kindheit verwurzelt sind. Befolgst du ein familiäres Skript oder versuchst du, ein völlig neues zu schreiben?

Wenn du an deine Herkunftsfamilie denkst, gibt es bestimmte Verhaltensmuster, Kommunikationsweisen oder Konflikte, die du erkennst? Wahrscheinlich ja. Diese Muster oder familiären Dynamiken spielen eine entscheidende Rolle bei der Formung unseres Selbst und oft wiederholen wir dieselben Muster in unseren erwachsenen Beziehungen.

Es ist wichtig zu betonen, dass familiäre Dynamiken nicht notwendigerweise negativ sein müssen. Sie können starke familiäre Werte, Rituale oder Traditionen umfassen, die du bewusst in dein Erwachsenenleben übernommen hast. Es können jedoch auch dysfunktionale Dynamiken vorhanden sein, die du unbewusst in deiner Paarbeziehung wiederholst.

Wie kannst du also herausfinden, welche familiären Dynamiken du in deine Paarbeziehung einbringst und wie sie diese beeinflussen können? Hier sind einige wichtige Schritte:

Der erste Schritt besteht darin, eine Bestandsaufnahme der familiären Dynamiken zu machen. Was erinnerst du dich aus deiner Kindheit und Jugend? Welche ausgedrückten oder unausgesprochenen Regeln gab es in deiner Familie? Wie wurden Konflikte gehandhabt? Welche Rolle hattest du in der Familie? Diese Art der Selbsterforschung kann schwierig und schmerzhaft sein, ist jedoch entscheidend, um zu verstehen, wie deine familiären Erfahrungen die Person beeinflusst haben, die du heute bist.

Der zweite Schritt besteht darin, eine Verbindung zu deiner aktuellen Beziehung herzustellen. Gibt es Muster, die du erkennst? Wie interagierst du mit deinem Partner, wenn du unter Stress stehst oder Konflikte auftreten? Oftmals kehren wir in stressigen oder angespannten Momenten zu unseren Wurzeln zurück - zu den Verhaltensmustern, die wir in unserer Herkunftsfamilie gelernt haben.

Der dritte Schritt besteht darin, die Hilfe eines Fachmanns wie eines Therapeuten in Betracht zu ziehen. Ein Experte kann eine externe Perspektive bieten und dich durch den Prozess der Erforschung familiärer Dynamiken führen. Er kann auch Werkzeuge und Techniken bereitstellen, um dysfunktionales Verhalten zu ändern und gesündere Muster aufzubauen.

Du bist nicht dazu verdammt, die familiären Dynamiken deiner Kindheit zu wiederholen. Du bist ein eigenständiges Individuum und hast die Macht, deine eigene Geschichte zu schreiben. Deine Vergangenheit mag dich und deine Beziehung auf bestimmte Weise geformt haben, aber sie muss nicht deine Zukunft bestimmen. Du kannst wählen, dich zu verändern, neue Muster zu schaffen und eine gesunde und erfüllende Beziehung aufzubauen. Aber dafür musst du zuerst deine Vergangenheit verstehen und akzeptieren.

Zuletzt bedenke, dass das Verständnis deiner familiären Dynamiken nicht bedeutet, Schuld zuzuweisen. Es geht nicht darum, mit dem Finger auf deine Eltern oder andere Familienmitglieder wegen begangener Fehler zu zeigen. Es geht vielmehr darum zu verstehen, zu vergeben und schließlich die Lasten der Vergangenheit loszulassen, um voranzukommen.

Familiäre Dynamiken haben einen großen Einfluss auf unsere Paarbeziehungen. Das Nachdenken über diese Muster und das Verständnis, wie sie uns beeinflussen, kann der erste Schritt zu Veränderung und dem Aufbau gesünderer und erfüllenderer Beziehungen sein. Es ist kein einfacher Weg, aber definitiv eine Reise, die es wert ist, anzutreten. Bist du bereit, diese Herausforderung anzunehmen?

KAPITEL 5

Die Rolle der Sexualität in der Paarbeziehung

Sexualität und Partnerschaft: Eine untrennbare Verbindung

Willkommen im vierten Kapitel dieser Reise, in dem wir die starke Verbindung zwischen Sexualität und Partnerschaft erkunden werden. Während du liest, möchte ich, dass du die Sexualität nicht nur als körperliche Handlung betrachtest, sondern auch als einen emotionalen, psychologischen und sozialen Aspekt.

Zunächst ist es entscheidend zu verstehen, dass Sexualität ein untrennbarer Bestandteil unserer Identität ist. Es ist nicht nur eine Aktivität, die im Schlafzimmer stattfindet oder ein einfacher biologischer Mechanismus zur Fortpflanzung. Es ist eine Art und Weise, wie wir uns ausdrücken, uns mit anderen verbinden, nach Intimität und Vergnügen suchen und unsere Beziehungen aufbauen.

\

Hast du dich jemals gefragt, warum Sexualität in einer Partnerschaft so wichtig ist? Die Antwort liegt in der menschlichen Natur selbst. Als Menschen sehnen wir uns nach Verbindung, Intimität und Teilhabe. Sexualität bietet eine einzigartige Möglichkeit, diese grundlegenden Bedürfnisse zu erfüllen.

Wenn wir über Sexualität in einer Partnerschaft sprechen, geht es nicht nur um Sex. Es geht um Intimität, Verletzlichkeit, Geben und Nehmen, Teilen und Erforschen. Es geht darum, den anderen tiefgründig zu kennen, ihn anzunehmen und für das zu lieben, was er ist.

Für viele Menschen ist Sexualität ein Ausdruck von Liebe und Zuneigung. Für andere ist es eine Möglichkeit, sich begehrt und attraktiv zu fühlen. Für einige ist es eine Möglichkeit, Freude und Glück zu erleben. Und für wieder andere ist es eine Möglichkeit, sich nah und verbunden zu fühlen.

Dennoch ist es nicht immer einfach, Sexualität in einer Partnerschaft zu bewältigen. Sie kann Konflikte, Missverständnisse und Enttäuschungen mit sich bringen. Manchmal entsprechen die Erwartungen nicht der Realität, sexuelle Bedürfnisse können sich unterscheiden oder Sexualität kann als Mittel der Kontrolle oder Manipulation verwendet werden.

Darüber hinaus hat unsere Gesellschaft eine Reihe von Mythen und unrealistischen Erwartungen bezüglich der Sexualität geschaffen, die Druck und Ängste erzeugen können. Wir werden mit Botschaften bombardiert, die uns sagen, wie Sex sein sollte, wie oft er stattfinden sollte und wie wir uns dabei fühlen sollten.

In diesem Kontext ist es entscheidend, eine bewusste, respektvolle und erfüllende Sexualität zu entwickeln. Dies beinhaltet das Erkennen und Respektieren der eigenen sexuellen Bedürfnisse und der des Partners, offene und ehrliche Kommunikation und den Aufbau eines Umfelds des Vertrauens und gegenseitigen Respekts.

Dennoch, trotz aller Herausforderungen, bleibt Sexualität ein kraftvolles und transformative Element in einer Partnerschaft. Sie kann die Partner näher bringen, ihnen helfen, Konflikte zu überwinden und ein Gefühl von Verbundenheit und Zugehörigkeit schaffen.

Die Verbindung zwischen Sexualität und Partnerschaft ist untrennbar, weil Sexualität ein Ausdruck dessen ist, wer wir sind, eine Möglichkeit, sich mit anderen zu verbinden und ein Mittel, um unsere Beziehungen aufzubauen und zu stärken. Sie ist ein Raum der Intimität, Verletzlichkeit, Erforschung und Liebe. Und deshalb verdienen wir es, sie auf eine erfüllende, bewusste und befriedigende Weise zu leben.

Aber wie kann man die eigenen sexuellen Bedürfnisse effektiv mit dem Partner kommunizieren? Und wie kann Sexualität zu einem Mittel für eine tiefere Verbindung werden?

Nun betreten wir ein Gebiet, das für viele kompliziert und sogar tabu erscheinen kann. Wir sprechen über die Kommunikation sexueller Bedürfnisse. Du könntest dich fragen: "Warum ist das so wichtig? Sollte nicht alles von selbst passieren?" Während Anziehung und Verlangen spontane Elemente haben können, erfordert eine erfüllende Sexualität offene und ehrliche Kommunikation. Ich hoffe, dass die folgenden Worte dich zu einer neuen Ebene von Intimität und Verständnis mit deinem Partner führen können.

Das Erkennen und Kommunizieren deiner sexuellen Bedürfnisse ist ein Akt der Selbstbewusstheit und Authentizität. Es erlaubt dir nicht nur, deine Wünsche und Vorlieben auszudrücken, sondern hilft dir auch, dich selbst besser zu verstehen. Was lässt dich gut fühlen? Was lässt dich wohl fühlen? Was lässt dich begehrt und geliebt fühlen? Diese Fragen zu beantworten erfordert Selbsteinkehr und Mut. Und diese Erkenntnisse mit deinem Partner zu teilen erfordert Vertrauen und Verletzlichkeit.

Aber wie kannst du deine sexuellen Bedürfnisse effektiv kommunizieren? Zuerst ist es wichtig, einen sicheren und offenen Dialograum zu schaffen. Das bedeutet, einen geeigneten Zeitpunkt und Ort zu wählen, an dem ihr euch beide wohl fühlt und frei ausdrücken könnt, ohne Hektik oder Unterbrechungen.

Zweitens ist es wichtig, eine klare und direkte Sprache zu verwenden. Während es verlockend sein könnte, Euphemismen zu verwenden oder um das Thema herumzureden, ist Klarheit entscheidend, um Missverständnisse zu vermeiden. Denke daran, dass du nichts Falsches tust, indem du deine Wünsche und Bedürfnisse ausdrückst. Außerdem kann dein Partner deine Gedanken nicht lesen. Es ist also wesentlich, dass du dich klar und ehrlich ausdrückst.

Drittens, sei respektvoll gegenüber deinem Partner. Die Kommunikation deiner sexuellen Bedürfnisse bedeutet nicht, Druck auszuüben oder den anderen zu manipulieren, um das zu bekommen, was du willst. Es geht darum, deine Erfahrung zu teilen, deine Wünsche auszudrücken und gemeinsamen Boden zu finden. Daher höre aufmerksam auf die Bedürfnisse und Anliegen deines Partners und versuche Lösungen zu finden, die für beide funktionieren.

Viertens, nutze die nonverbale Kommunikation. Worte sind wichtig, aber auch Gesten, Geräusche und Gesichtsausdrücke können viele Bedeutungen vermitteln. Achte also darauf, wie dein Körper kommuniziert, und lerne die nonverbalen Signale deines Partners zu lesen. Schließlich, erinnere dich daran, dass Kommunikation ein fortlaufender Prozess ist. Deine sexuellen Bedürfnisse können sich im Laufe der Zeit ändern, genauso wie die deines Partners. Also fahrt fort zu sprechen, zu erkunden und gemeinsam zu experimentieren.

\

Die Kommunikation sexueller Bedürfnisse ist ein Akt der Liebe, des Vertrauens und der Intimität, der zu neuen Verständnis- und Erfüllungsebenen führen kann. Und wer weiß? Es könnte auch die Tür zu neuen Abenteuern und Erkundungen öffnen.

Die Sexualität als Mittel der Verbindung

Hast du jemals darüber nachgedacht, dass Sexualität viel mehr ist als eine bloße Abfolge physischer Handlungen? Sie ist ein einzigartiges und kraftvolles Kommunikationsmittel, eine Sprache, die es uns ermöglicht, Liebe, Verlangen, Akzeptanz und Nähe auszudrücken. Sie kann als eine Brücke zwischen zwei Individuen dienen, die ihnen ermöglicht, einen wesentlichen Teil ihres Seins auf eine Weise zu teilen, die keine Worte wirklich erfassen können.

Sexualität erlaubt es uns, auf einer intensiven und intimen Ebene zu kommunizieren. Wenn wir uns unserem Partner mit Verlangen nähern, sagen wir ohne Worte: "Ich will dich. Ich mag dich. Ich begehre dich." Wenn wir unseren Partner leidenschaftlich annehmen, übermitteln wir Akzeptanz und Zuneigung. Und wenn wir uns der Erfahrung des Orgasmus öffnen, teilen wir einen Moment totaler Hingabe und höchster Intimität.

Neben der Funktion als kraftvolles Ausdrucksmittel kann Sexualität auch als Katalysator für emotionale Verbindung dienen. Während des Geschlechtsverkehrs setzt unser Körper Hormone wie Oxytocin frei, auch bekannt als "das Liebeshormon", das dazu beiträgt, eine emotionale Bindung zwischen den Partnern herzustellen. Darüber hinaus können die körperliche Nähe und die gemeinsame Intimität während des sexuellen Akts zu einem Gefühl der Verbundenheit und Einheit führen, das über das physische Vergnügen hinausgeht.

Aber was bedeutet das in der Praxis? Es bedeutet, dass ein gesundes und erfülltes Sexualleben ein unglaubliches Instrument der Verbindung in deiner Beziehung sein kann. Um dieses Instrument bestmöglich zu nutzen, ist es wichtig, einige Schlüsselpunkte zu beachten.

Zunächst ist es entscheidend, einen offenen und positiven Ansatz zur Sexualität zu haben. Akzeptiere deinen Körper und deine Wünsche und ermutige auch deinen Partner, dasselbe zu tun. Diese Akzeptanz kann ein Umfeld des Vertrauens und der Sicherheit schaffen, in dem Intimität erblühen kann.

Zweitens, erinnere dich daran, dass Kommunikation der Schlüssel ist. Sprich offen über deine sexuellen Wünsche und Bedürfnisse mit deinem Partner. Höre aufmerksam auf seine Wünsche und Bedürfnisse. Diese Art des Dialogs kann dazu beitragen, eine stärkere Verbindung aufzubauen und das sexuelle Erlebnis für beide befriedigender zu gestalten.

\

Die Sexualität, wenn sie richtig verstanden und genutzt wird, kann also ein kraftvolles Instrument der Verbindung und Intimität in deiner Partnerschaft werden. Jetzt, da du ihre Bedeutung verstanden hast, bist du bereit, in deiner gemeinsamen Reise noch mehr zu erkunden und zu experimentieren. Denke daran, dass Kommunikation der rote Faden ist, der sich durch all das zieht. Also los geht's! Sprecht, entdeckt, genießt und verbindet euch immer mehr.

Und was ist mit Kindern?

Wenn Vaterschaft oder Mutterschaft eintreten, bereichert dies euer gemeinsames Leben um eine neue und wunderbare Dimension. Mit der Ankunft eines Kindes ändern sich die Prioritäten und das Gleichgewicht in der Partnerschaft wird neu gestaltet. Es ist nicht ungewöhnlich, dass die Sexualität in diesem Kontext vernachlässigt wird. Aber bist du dir der Bedeutung bewusst, die die Sexualität hat, um die Verbindung zwischen dir und deinem Partner, auch in dieser neuen Phase des Lebens, zu stärken?

Betrachte die Sexualität nicht nur als physischen Akt der Liebe, sondern als ein mächtiges Mittel der Verbindung. Es ist die perfekte Gelegenheit, Stress abzubauen, zu entspannen, Freude zu empfinden und vor allem sich wieder miteinander zu verbinden, auf eine Art und Weise, die niemand sonst kann. Die Sexualität zwischen dir und deinem Partner ist einzigartig, privat und tiefgründig; es ist eure ganz eigene Sprache.

Hast du jemals darüber nachgedacht, wie du dich fühlst, nachdem du mit deinem Partner Liebe gemacht hast? Gibt es ein Gefühl von Frieden, ein gestärktes Gefühl von Intimität. Und das ist keine Illusion. Es ist wissenschaftlich erwiesen, dass während des sexuellen Akts im Körper chemische Substanzen freigesetzt werden, wie zum Beispiel das "Liebeshormon" Oxytocin, das Gefühle von Bindung und Nähe fördert.

\

Es ist nicht immer einfach, Zeit und Energie für Sexualität zu finden, wenn man ein Kind hat. Schlaflose Nächte, Anpassung an neue Routinen und die Verantwortung, die mit der Betreuung eines kleinen Menschen einhergeht, können überwältigend erscheinen. Aber das ist kein guter Grund, dein Sexualleben zurückzustellen. Im Gegenteil, gerade in diesen Momenten der Herausforderung und Erschöpfung brauchst du diese Momente der Verbindung und Intimität mit deinem Partner am meisten. Aber wie schaffst du das? Der Schlüssel liegt in der Planung. Ja, ich weiß, es mag nicht besonders romantisch klingen, sexuelle Intimität zu planen. Aber denk darüber nach: Wenn es um ein Date geht, zögerst du nicht, es zu planen, oder? Warum also nicht dasselbe mit deiner sexuellen Intimität machen? Finde einen Zeitpunkt während der Woche, wenn das Kind schläft oder bei den Großeltern ist, und widme dich deinem Sexualleben. Ein weiterer wichtiger Punkt ist die Aufrechterhaltung offener Kommunikation. Sprecht über eure Wünsche, Sorgen und wie ihr euch fühlt. Ehrlichkeit wird euch helfen, eventuelle Hindernisse zu überwinden. Denk daran, du bist nicht nur ein Elternteil, sondern auch ein Liebender. Schließlich behalte eine offene Denkweise bei. Dein Sexualleben muss nicht zwangsläufig so sein wie vorher. Veränderungen sind normal. Der Schlüssel liegt darin, sich anzupassen und neue Wege zu finden, um Freude und Verbindung zu erleben. Denk daran, die Sexualität ist ein wesentliches Element eurer Beziehung. Lass die Herausforderungen der Elternschaft euch nicht voneinander entfernen. Die Wiederentdeckung eurer sexuellen Verbindung wird euch nicht nur als Paar näher bringen, sondern auch eine glücklichere und stabilere Umgebung für euer Kind schaffen. Denn ein glückliches Paar schafft eine glückliche Familie.

KAPITEL 6

Konflikte bewältigen: Strategien für konstruktive Lösungen.

Einführung und Strategien zur Konfliktbewältigung.

Es mag dich überraschen, aber Konflikte sind ein normaler und unvermeidbarer Teil jeder Paarbeziehung. Ob es sich um kleine Irritationen oder größere Probleme handelt, Meinungsverschiedenheiten sind ein Zeichen dafür, dass du und dein Partner individuelle Personen mit eigenen Gedanken, Gefühlen und Bedürfnissen seid. Konflikte werden nur dann zu einem Problem, wenn sie nicht auf gesunde oder konstruktive Weise gehandhabt werden. Was bedeutet es also, Konflikte auf gesunde Weise zu bewältigen?

Zunächst einmal ist es wichtig zu verstehen, dass Konflikte nicht zwangsläufig negativ sind. Sie können eine Chance für persönliches Wachstum und die Entwicklung der Beziehung sein. Durch Konflikte kannst du deinen Partner besser kennenlernen, seine Bedürfnisse und Wünsche verstehen und herausfinden, wie ihr zusammenarbeiten könnt, um Lösungen zu finden, die euch beiden gerecht werden.

\

Die Bewältigung von Konflikten erfordert Fähigkeiten wie effektive Kommunikation, Empathie, aktives Zuhören und Problemlösung. Sie erfordert auch eine offene Einstellung und den Willen zum Kompromiss. Viele dieser Aspekte haben wir bereits in den vorherigen Kapiteln behandelt, daher hast du bereits eine solide Basis, auf der du aufbauen kannst. Schauen wir uns nun an, wie sich diese Fähigkeiten in der Praxis umsetzen lassen.

Hier sind einige Schlüsselstrategien, um Konflikte in deiner Paarbeziehung anzugehen:

1. Erkenne den Konflikt an: Der erste Schritt in der Konfliktbewältigung besteht darin, anzuerkennen, dass ein Problem besteht. Ignorieren oder Vermeiden von Konflikten kann zu Groll und Spannungen führen, die langfristig die Beziehung beeinträchtigen können.

2. Offene und ehrliche Kommunikation: Es ist wichtig, deine Gefühle und Gedanken klar und respektvoll auszudrücken. Vermeide es, deinen Partner zu beschuldigen oder zu kritisieren, und konzentriere dich stattdessen auf deine eigenen Gefühle und Bedürfnisse.

3. Aktives Zuhören: Wenn dein Partner spricht, versuche empathisch und offen zuzuhören. Unterbrich nicht und verteidige dich nicht, sondern versuche seinen Standpunkt zu verstehen.

4. Suche nach Win-Win-Lösungen: Statt den Konflikt als einen Kampf ums Gewinnen zu sehen, versuche Lösungen zu finden, die beiden Partnern gerecht werden. Dies kann Kompromisse und Flexibilität von beiden Seiten erfordern.

5. Suche bei Bedarf Unterstützung: Wenn ihr den Konflikt nicht alleine lösen könnt, kann es hilfreich sein, die Unterstützung eines Beraters oder Therapeuten für Paare in Anspruch zu nehmen.

Jetzt, da du einige der wichtigsten Strategien kennst, um mit Konflikten umzugehen, schauen wir uns einige praktische Übungen an, die dir helfen können, diese Fähigkeiten in die Praxis umzusetzen.

Übung 1 - Der Konflikt-Test

Für diese Übung sollten beide Partner ein kürzlich aufgetretenes Meinungsverschiedenheitsthema wählen, das jedoch nicht zu emotional aufgeladen ist. Einer nach dem anderen sollte seinen Standpunkt darlegen und dabei "Ich"-Aussagen anstelle von "Du"-Aussagen verwenden. Der andere Partner sollte dann aktives Zuhören praktizieren, indem er zusammenfasst, was er gehört hat, um sicherzustellen, dass er richtig verstanden hat. Auf diese Weise hat jeder die Möglichkeit, seinen Standpunkt auszudrücken und sich angehört zu fühlen.

Übung 2 - Die drei A's: Aufmerksamkeit, Wertschätzung, Zuneigung

Diese Übung erfordert, dass jeder Partner täglich etwas Zeit dafür aufwendet, die drei A's dem anderen Partner zu zeigen. Aufmerksamkeit kann gezeigt werden, indem man dem Partner aufmerksam zuhört, Wertschätzung kann durch dankbare Worte zum Ausdruck gebracht werden und Zuneigung kann durch kleine Akte der Freundlichkeit gezeigt werden. Die Idee besteht darin, die positive Bindung zwischen den Partnern zu stärken und Konflikte weniger stressig zu machen.

Übung 3 - Die "Timeout"-Übung

Wenn eine Diskussion zu hitzig wird, ist es hilfreich, eine "Timeout"-Pause einzulegen, um die Emotionen abzukühlen. Das bedeutet, die Diskussion zu unterbrechen, für eine Weile etwas Entspannendes zu tun und dann wieder miteinander zu sprechen, wenn sich beide Partner ruhiger fühlen. Es ist wichtig, dass beide Partner im Voraus über das "Timeout" übereinstimmen und es respektieren.

Übung 4 - Die "gemeinsames Problem"-Übung

Anstatt den Konflikt als einen Kampf zwischen dir und deinem Partner zu sehen, versuche ihn als ein gemeinsames Problem zu betrachten, das ihr zusammen lösen müsst. Diese Perspektivenänderung kann dazu beitragen, den Antagonismus zu verringern und die Zusammenarbeit zu fördern.

\

Übung 5 - Konflikt-Tagebuch

Führe ein Tagebuch über Konfliktsituationen, die in deiner Beziehung auftreten. Schreibe auf, was passiert ist, wie du dich gefühlt hast, wie du reagiert hast und was du anders hättest tun können. Dies kann dir helfen, deine Konfliktmuster besser zu verstehen und neue Wege zu finden, darauf zu reagieren.

Konflikte bewältigen, wenn Kinder in der Familie sind

Wenn Kinder ins Spiel kommen, dreht sich deine Welt um sie und Spannungen können sich leicht aufbauen. Wie kannst du diese Konflikte effektiv bewältigen, ohne das Familienharmonie zu gefährden?
Zunächst lade ich dich ein, darüber nachzudenken, wie sich deine Konflikte auf deine Kinder auswirken können. Sie sind wie emotionale Schwämme, sie nehmen alles um sie herum auf. Eure Spannungen können zu ihren Spannungen werden. Wie also gehst du mit diesen Konfliktsituationen auf konstruktive Weise um?

Eine sehr effektive Übung besteht darin, eine "Pause" einzulegen. Wenn du spürst, dass die Spannung steigt und die Emotionen die Oberhand gewinnen, halte inne. Nimm dir einen Moment, atme tief durch, zähle bis zehn. Das wird dir helfen, deine Gefühle zu beruhigen und die Diskussion auf eine rationalere und weniger emotionale Ebene zurückzubringen. Vergiss nicht, du versuchst nicht nur, einen Kampf zu gewinnen, sondern ein Problem zu lösen. Schließlich erinnere dich daran, dass Kommunikation nicht nur das Sprechen umfasst, sondern auch das Ausdrücken von Gefühlen. Eine effektive Übung könnte darin bestehen, deine Gefühle mit "Ich" anstatt mit "Du" auszudrücken. Anstatt zu sagen "Du hilfst mir nie mit den Kindern", versuche zu sagen "Ich fühle mich überfordert und bräuchte deine Hilfe". Diese einfache Änderung kann einen großen Unterschied in der Wahrnehmung deiner Botschaft machen.

Natürlich ist es leichter gesagt als getan. Es erfordert Übung und Engagement. Aber denke daran, du arbeitest nicht nur an deiner Beziehung, sondern auch für das Wohl deiner Kinder. Lass die Spannungen nicht anwachsen, bis sie unüberwindbar werden. Statt dessen gehe ihnen nach, wenn sie auftreten. Und wer weiß? Vielleicht findest du dich eines Tages in einer Konfliktsituation wieder und entdeckst, dass du besser damit umgehen kannst, als du dachtest.

Bist du bereit, diese Verantwortung für das Wohl deiner Familie zu übernehmen? Bist du bereit, an dir selbst zu arbeiten, um ein friedlicheres und liebevolleres Familienumfeld zu schaffen? Denke daran, der Frieden beginnt bei dir.

KAPITEL 7

Wiederentdeckung der Intimität: Über die Sexualität hinaus

Was ist emotionale Intimität?

Hast du jemals bemerkt, wie nahe wir physisch bei jemandem sein können, uns aber trotzdem emotional distanziert fühlen? Das ist der Unterschied zwischen physischer Intimität und emotionaler Intimität. Emotionale Intimität ist eine tiefe Verbindung zwischen zwei Menschen, die über bloße körperliche Berührung hinausgeht; es ist eine Bindung, die auf Vertrauen, Verständnis, Respekt und Liebe aufgebaut ist.

Emotionale Intimität ist die Fähigkeit, deine tiefsten Gedanken, Gefühle, Hoffnungen und Ängste mit einer anderen Person zu teilen und die Fähigkeit, ihre emotionalen Erfahrungen ohne Urteil zuzuhören und zu verstehen. Es ist der Komfort zu wissen, dass du für das gesehen und akzeptiert wirst, was du wirklich bist. Aber es ist auch noch viel mehr.

Emotionale Intimität ist das pulsierende Herz einer Paarbeziehung. Es ist der silberne Faden, der zwei Menschen miteinander verbindet und ihnen ermöglicht, gute und schlechte Zeiten als Team zu durchleben. Ohne sie kann sich eine Beziehung leer und unbefriedigend anfühlen, unabhängig von der Qualität der körperlichen Verbindung.

Aber wie entwickelt sich emotionale Intimität? Es ist ein Prozess, der Zeit, Verletzlichkeit und Vertrauen erfordert. Es erfordert Offenheit, deine tiefsten Gedanken und Gefühle mit deinem Partner zu teilen, und die Bereitschaft, ihnen zuzuhören und sie zu verstehen. Es erfordert die Fähigkeit, präsent und aufmerksam zu sein, empathisch und verständnisvoll zu reagieren und Liebe und Zuneigung auf eine Weise zu zeigen, die mit deinem Partner resoniert.

Die Bedeutung der emotionalen Intimität in einer Paarbeziehung

Emotionale Intimität ist entscheidend für die Gesundheit und das Wohlbefinden einer Paarbeziehung. Es ist der Klebstoff, der eine Beziehung im Laufe der Zeit stark und lebendig hält. Es ist eine wesentliche Zutat für eine gesunde und erfüllende Beziehung. Lassen Sie uns die Bedeutung dieser emotionalen Verbindung genauer betrachten. Aber warum ist es so wichtig?

Beziehungssicherheit

Emotionale Intimität bietet eine Grundlage der Sicherheit in der Beziehung. Dieses Gefühl der Sicherheit entsteht aus dem Wissen, dass dein Partner dich versteht, akzeptiert und deine Emotionen unterstützt. Diese Verständnis und Akzeptanz ermöglichen es jedem Individuum, sich beim Ausdruck seiner Verletzlichkeit wohler zu fühlen, was wiederum die emotionale Intimität vertieft. Ohne diese Sicherheit können Menschen sich zurückziehen und vermeiden, Gefühle oder Bedenken auszudrücken, was zu Distanz und Konflikten führen kann.

Glück und Zufriedenheit in der Beziehung

Wenn in einer Partnerschaft eine hohe emotionale Intimität besteht, ist es wahrscheinlicher, dass sich beide Parteien glücklich und zufrieden in der Beziehung fühlen. Das Teilen und Verstehen der gegenseitigen emotionalen Erfahrungen kann zu einem Gefühl von tieferer Verbindung und Zufriedenheit führen. Darüber hinaus kann ein hoher Grad an emotionaler Intimität als Puffer gegen Stress wirken und das allgemeine emotionale Wohlbefinden fördern, was sich nicht nur auf die Beziehung, sondern auch auf die individuelle Gesundheit beider Partner auswirkt.

Konfliktmanagement und -lösung

Emotionale Intimität kann bei der Bewältigung von Konflikten in der Beziehung helfen. Wenn eine starke emotionale Bindung besteht, neigen Partner eher dazu, Meinungsverschiedenheiten oder Probleme mit Empathie und Verständnis anzugehen. Sie sind besser in der Lage, sich in die Lage des anderen zu versetzen und die Situation aus einer anderen Perspektive zu betrachten. Dies kann helfen, Konfrontationen zu verhindern oder abzuschwächen und stattdessen Kommunikation und Verhandlung zu erleichtern.

Verbesserung der körperlichen Intimität

Obwohl emotionale und körperliche Intimität zwei unterschiedliche Aspekte einer Beziehung sind, sind sie eng miteinander verbunden. Wenn die emotionale Intimität hoch ist, gibt es oft auch eine Verbesserung der körperlichen Intimität. Sich emotional verbunden und verstanden zu fühlen, kann das Verlangen und die körperliche Anziehungskraft steigern und die körperliche Intimität in der Beziehung verbessern.

Schließlich kann emotionale Intimität die sexuelle Verbindung verbessern. Obwohl sexuelle Intimität und emotionale Intimität getrennte Bereiche sind, sind sie eng miteinander verbunden. Wenn du dich emotional nahe zu deinem Partner fühlst, ist es wahrscheinlicher, dass du dich auch sexuell von ihm angezogen fühlst.

Techniken zur Stärkung der emotionalen Intimität

Es gibt viele Techniken, die Paare verwenden können, um ihre emotionale Intimität zu stärken. Hier sind einige der effektivsten:

1. Teilen von intimen Erfahrungen

Eine kraftvolle Technik, um die emotionale Intimität zu vertiefen, besteht darin, intime oder bedeutsame Erfahrungen miteinander zu teilen. Zum Beispiel könnten sich Partner entscheiden, ihre tiefsten Gedanken, Kindheitserinnerungen, Zukunftspläne oder sogar Ängste miteinander zu teilen. Diese Art des Teilens kann intensiv sein, daher ist es wichtig, eine unterstützende und respektvolle Umgebung zu schaffen. Denke daran, es geht nicht darum, zu urteilen oder Probleme zu lösen, sondern darum, zuzuhören und zu verstehen.

Übung 1: "Die Erinnerungsbox"

Bei dieser Übung schreibt jeder Partner auf einem Stück Papier eine bedeutsame Erinnerung. Diese Erinnerungen können glücklich, traurig, beängstigend oder freudig sein. Dann teilen die Partner in einem ruhigen Moment abwechselnd ihre Erinnerungen. Diese Übung fördert gegenseitiges Verständnis und emotionale Verbundenheit.

2. Authentische und ehrliche Kommunikation

Authentische Kommunikation ist entscheidend für die emotionale Intimität. Das bedeutet, deine Gefühle, Bedürfnisse und Wünsche ehrlich und offen auszudrücken. Obwohl es schwierig sein kann, kann authentische Kommunikation zu einer tieferen Verbindung führen.

Übung: "Tägliches emotionales Check-in"

Eine tägliche Routine einzurichten, in der beide Partner ihre Gefühle teilen, kann unglaublich hilfreich sein. Dies könnte eine einfache Frage wie "Wie fühlst du dich heute?" sein oder ein strukturierter Moment, um über die eigenen Emotionen zu sprechen.

3. Aktives Zuhören

Aktives Zuhören ist ein Schlüsselelement, um emotionale Intimität aufzubauen. Es bedeutet nicht nur die Worte deines Partners zu hören, sondern auch die Gefühle und Emotionen zu verstehen, die sie kommunizieren.

Übung: "Spiegeln, Validieren und Empathie"

Bei dieser Übung teilt ein Partner ein Gefühl oder eine Erfahrung, und der andere Partner verwendet Techniken wie Spiegeln (Wiederholen dessen, was sie gehört haben, um sicherzustellen, dass sie es richtig verstanden haben), Validieren (Anerkennen und Bestätigen der Gefühle des Partners) und Empathie (Versuch, die Gefühle des Partners zu verstehen und mit ihnen mitzufühlen).

4. Qualitätszeit

Qualitätszeit gemeinsam zu verbringen, frei von Ablenkungen, kann eine kraftvolle Möglichkeit sein, die emotionale Intimität zu vertiefen. Dies bedeutet nicht unbedingt, große Gesten zu machen oder besondere Ereignisse zu planen, sondern vielmehr die gegenseitige Anwesenheit zu schätzen.

Übung: "Wöchentliche Dates"

Dies muss nichts Kostenintensives oder Aufwendiges sein. Es kann ein einfaches gemeinsames gekochtes Essen oder ein Spaziergang im Park sein. Das Ziel ist es, Zeit füreinander zu reservieren, ohne Ablenkungen.

5. Respekt und Wertschätzung

Respekt und Wertschätzung für deinen Partner auszudrücken, ist entscheidend, um emotionale Intimität aufzubauen. Dies kann durch liebevolle Worte, Taten der Dienstleistung, Geschenke oder jede andere Liebessprache geschehen, die mit deinem Partner ressoniert.

Übung: "Die fünf Sprachen der Liebe"

Finde heraus, was die Haupt-"Liebessprache" deines Partners ist und versuche, deine Liebe auf diese spezifische Weise auszudrücken. Es könnte Worte der Zuneigung, gemeinsame Zeit, Geschenke, Dienstleistung oder körperliche Berührung sein.

6. Körperliche Zuneigung

Während emotionale Intimität über Sexualität hinausgeht, kann körperliche Zuneigung ein kraftvolles Werkzeug sein, um emotionale Intimität aufzubauen. Umarmungen, Küsse, Streicheleinheiten und ja, Sex, können alle dazu beitragen, eine stärkere emotionale Bindung aufzubauen.

7. Selbstoffenbarung

Teile deine tiefsten Gedanken und Gefühle mit deinem Partner. Das kann beängstigend sein, ist aber auch unglaublich kraftvoll. Indem du dich auf diese Weise öffnest, ermutigst du deinen Partner, dasselbe zu tun.

Denke daran, dass das Wachstum der emotionalen Intimität Zeit und Übung erfordert. Es ist wichtig, geduldig mit dir selbst und deinem Partner zu sein und die kleinen Fortschritte auf dem Weg zu feiern.

KAPITEL 8

Praktische Übungen zur Stärkung der sexuellen Intimität.

Einführung in die Übungen zur sexuellen Intimität.

Hast du dich schon einmal gefragt, wie du die sexuelle Intimität in deiner Beziehung stärken kannst? In diesem Kapitel werden wir zusammen eine Reihe von Übungen erkunden, die dir helfen können, deine sexuelle Intimität aufzubauen und zu stärken. Aber zuerst, was verstehen wir unter "sexueller Intimität"? Es ist ein Konzept, das über den reinen physischen Akt hinausgeht. Sexuelle Intimität umfasst eine tiefe emotionale Verbindung, die Fähigkeit, die eigenen sexuellen Bedürfnisse und Wünsche frei auszudrücken und gegenseitigen Respekt für Grenzen. Es ist ein zarter und kraftvoller Tanz, der deine Beziehung auf unvorstellbare Weise bereichern kann. Also, warum ist es wichtig, an der sexuellen Intimität zu arbeiten? Sex ist ein wesentlicher Bestandteil einer gesunden und ausgeglichenen Beziehung. Aber für viele Paare kann Sex zur Gewohnheit werden oder schlimmer noch, zu einem Spannungspunkt. Durch Übungen zur sexuellen Intimität kannst du neue Kommunikationswege öffnen, das gegenseitige Vertrauen stärken und die Bindung vertiefen. Bist du bereit, loszulegen? Los geht's.

Übungen zur Ausdruck sexueller Bedürfnisse.

Der Ausdruck sexueller Bedürfnisse ist entscheidend für eine gesunde sexuelle Intimität. Das Sprechen über sexuelle Wünsche kann jedoch schwierig sein, insbesondere wenn du befürchtest, beurteilt oder missverstanden zu werden. Hier sind einige Übungen, um dir dabei zu helfen, deine sexuellen Bedürfnisse auf sichere und respektvolle Weise an deinen Partner zu kommunizieren.

1. Wunsch-Kartenspiel: Schreibt auf Kärtchen eure Fantasien oder Dinge, die ihr gerne ausprobieren möchtet. Mischt die Karten und zieht abwechselnd eine Karte, um darüber zu diskutieren. Dies kann dabei helfen, eine spielerische und entdeckende Atmosphäre zu schaffen, die das Gespräch weniger einschüchternd macht.

2. Wöchentlicher Check-in: Legt eine regelmäßige Zeit in der Woche fest, in der ihr euch zusammen setzt, um offen über eure Wünsche, Bedenken und eure Gefühle in Bezug auf euer Sexualleben zu sprechen. Dies kann dazu beitragen, einen sicheren und regelmäßigen Raum zu schaffen, um sexuelle Bedürfnisse auszudrücken.

Übungen zur Stärkung der sexuellen Verbindung (auch für Paare mit Kindern)

Die Stärkung der sexuellen Verbindung betrifft nicht nur den Akt des Geschlechtsverkehrs. Es geht um den Aufbau von Intimität, Vertrauen und Verständnis. Hier sind einige Übungen, die dir dabei helfen können:

1. Geteilte Meditation

Diese Übung erfordert eine ruhige Umgebung ohne Ablenkungen. Setzt euch oder legt euch bequem hin, einander gegenüber. Schließt die Augen und konzentriert euch auf euren Atem. Nach ein paar Minuten versucht, eure Atemzüge zu synchronisieren. Hört auf die Geräusche und Rhythmen des anderen. Wenn eure Gedanken abdriften, lenkt sanft eure Aufmerksamkeit wieder auf den Atem. Nach 10-20 Minuten öffnet langsam die Augen und teilt eure Erfahrungen.

2. Sinnliche Massage

\

Stellt sicher, dass ihr eine entspannende Umgebung mit
gedämpftem Licht und bei Bedarf sanfter Musik habt. Der Partner,
der die Massage empfängt, liegt bequem, während der andere
Partner Öl oder Lotion verwendet, um den Körper des Partners
sanft zu massieren und dabei seine Aufmerksamkeit auf jeden
einzelnen Teil richtet, ohne sexuelle Stimulation zu erwarten. Das
Ziel ist es, einen Moment der Intimität, Aufmerksamkeit und des
Respekts zu schaffen.

3. Erforschung der Sinne

Für diese Übung benötigt ihr eine Augenbinde und eine Vielzahl
von Gegenständen mit unterschiedlichen Texturen, Temperaturen
und Geschmacksrichtungen. Der verbundene Partner liegt,
während der andere Partner die Sinne des verbundenen Partners
mit den Gegenständen stimuliert. Der Trick besteht darin, langsam,
aufmerksam und spielerisch zu sein.

4. Umarmungsdialog

Beginnt mit einer langen und unterstützenden Umarmung, im
Stehen oder Sitzen, an einem ruhigen und privaten Ort. Schließt die
Augen und spürt die Nähe eures Partners. Ohne die Umarmung zu
unterbrechen, teilt abwechselnd, was ihr am anderen schätzt oder
eine positive Erinnerung, die ihr gemeinsam geteilt habt. Diese
Übung kann dazu beitragen, eure emotionale Bindung zu stärken
und euch daran zu erinnern, warum ihr zusammen seid.

5. Spiel der Verletzlichkeit

Dieses Spiel erfordert Vertrauen und Offenheit. Setzt euch einander gegenüber und teilt abwechselnd etwas Verletzliches über euch selbst - eine Angst, einen Traum, eine Hoffnung. Der zuhörende Partner sollte nicht kommentieren oder Ratschläge geben, sondern nur zuhören und dann seinerseits teilen. Dieses Spiel kann dazu beitragen, Vertrauen, Intimität und Verständnis aufzubauen.

Mit Kindern im Haus können die Dinge komplizierter erscheinen, aber das müssen sie nicht sein. Natürlich stellen viele Paare fest, dass ihr Sexualleben Veränderungen durchläuft, sobald sie Eltern werden. Zeit und Energie scheinen wie Schnee in der Sonne zu schwinden und das sexuelle Verlangen kann abnehmen. Das bedeutet jedoch nicht, dass die sexuelle Intimität vollständig geopfert werden muss. Es ist wichtig, neue Wege zu finden, um auch inmitten des Chaos der Elternschaft eine sexuelle Verbindung aufrechtzuerhalten und diesen Teil eurer Beziehung zu pflegen.

Lasst uns etwas klarstellen: Sexualität betrifft nicht nur den physischen Akt des Geschlechtsverkehrs. Sie umfasst eine Vielzahl von Verhaltensweisen und Interaktionen, von Zärtlichkeiten über Berührungen bis hin zum Austausch von Fantasien. Sexualität betrifft die Bindung, die ihr mit eurem Partner aufbaut und aufrechterhaltet, und die Intimität, die ihr teilt.

Hier sind einige Übungen zur sexuellen Intimität, die du ausprobieren kannst, um die Bindung zu deinem Partner auch inmitten des Elternchaos zu stärken.

1. Mitteilung der Wünsche

Offene und ehrliche Kommunikation ist in jeder Beziehung, einschließlich der Sexualität, entscheidend. Sprecht darüber, was euch gefällt und was euch ein gutes Gefühl gibt. Denkt daran, der Dialog ist der Treibstoff für Intimität.

2. Date-Nächte zu Hause

Mit Kindern im Haus kann es schwierig sein, Zeit für gemeinsame Ausflüge zu finden. Wie wäre es stattdessen mit einem romantischen Abend zu Hause, nachdem die Kinder im Bett sind? Es könnte ein einfacher Film auf der Couch oder ein Candle-Light-Dinner sein.

3. Nicht-sexuelle Berührung

Körperlicher Kontakt muss nicht immer sexuell sein. Umarmungen, Streicheleinheiten, Händchenhalten - all das sind Möglichkeiten, die körperliche Verbindung aufrechtzuerhalten. Findet Zeit für solche Momente der körperlichen Berührung im Laufe des Tages.

4. Übung der Präsenz

Bei dieser Übung verbringt gemeinsam Zeit in Stille und erlebt die Anwesenheit des anderen. Das kann ein stilles Umarmen oder gemeinsame Meditation beinhalten.

5. Fantasien teilen

Wenn ihr euch wohl damit fühlt, könnt ihr eure sexuellen Fantasien miteinander teilen. Das kann euch helfen, die sexuellen Wünsche des anderen besser kennenzulernen und etwas Würze in euer Liebesleben zu bringen.

Obwohl Elternschaft ihre Herausforderungen mit sich bringen kann, ist es wichtig, sich daran zu erinnern, dass die sexuelle Intimität nicht verschwindet, sondern sich verändert. Mit etwas Zeit, Kommunikation und Anstrengung könnt ihr die sexuelle Intimität in eurer Partnerschaft trotz der Herausforderungen der Elternschaft weiter pflegen. Denkt daran, die Reise ist genauso wichtig wie das Ziel.

KAPITEL 9

Praktische Übungen zur Verbesserung der Kommunikation

Einführung in die Kommunikationsübungen.

Die Kommunikation ist das Herzstück jeder Partnerschaft. Es geht nicht nur darum, seine Gedanken und Gefühle auszudrücken, sondern auch aktiv zuzuhören. In der Kommunikation geht es nicht nur darum, was wir sagen, sondern auch wie wir es sagen. Eine effektive Kommunikation kann Missverständnisse verhindern, Konflikte lösen und die Bindung zwischen den Partnern stärken. Dieses Kapitel bietet praktische Übungen, um sowohl das aktive Zuhören als auch die Ausdrucksfähigkeit zu verbessern. Die Übung der Kommunikation mag anfangs seltsam erscheinen, aber es ist eine Fähigkeit wie jede andere. Mit Übung werden Kommunikationstechniken zur zweiten Natur und Sie werden feststellen, dass Sie sie auch außerhalb der Übungssitzungen anwenden. Aus diesem Grund ist es wichtig, eine sichere und einladende Umgebung für die Kommunikationsübungen zu schaffen. Nehmen Sie sich Zeit für diese Aktivität, ohne Ablenkungen. Es kann hilfreich sein, einige Regeln aufzustellen, wie das Respektieren der Redezeit, das Vermeiden von Unterbrechungen und das Aufrechterhalten eines ruhigen und respektvollen Tonfalls.

Das endgültige Ziel dieser Übungen ist es nicht, eine Einigung zu erzielen oder Probleme zu lösen, sondern die kommunikativen Fähigkeiten zu verbessern. Es kann hilfreich sein, sich auf den Prozess anstelle des Inhalts der Diskussionen zu konzentrieren. Denken Sie daran, Übung macht den Meister!

Aktives Zuhören ist ein wesentlicher Bestandteil der Kommunikation. Es bedeutet, vollständig auf das zu achten, was der Partner sagt, ohne darüber nachzudenken, wie man antworten soll. Zuhörübungen können helfen, diese Fähigkeit zu entwickeln.

Übung 1: Wiederholung

Diese Übung mag in der Theorie einfach erscheinen, kann aber schwieriger sein als gedacht. Während eines Gesprächs teilt Partner A einen Gedanken oder ein Gefühl mit. Anschließend wiederholt Partner B genau das, was Partner A gesagt hat, wobei er versucht, den gleichen Tonfall und den gleichen Ausdruck beizubehalten. Das Ziel ist es, dass Partner B in die Lage versetzt wird, sich in Partner A hineinzuversetzen. Diese Übung kann dazu beitragen, Empathie zu entwickeln und Partnerperspektiven besser zu verstehen.

Übung 2: Paraphrasieren

\

Bei dieser Übung formuliert Partner B das, was Partner A gesagt hat, mit eigenen Worten um. Dies mag sich wiederholend anhören, dient jedoch dazu sicherzustellen, dass die Botschaft korrekt verstanden wurde. Während der Übung kann Partner A die Botschaft korrigieren oder klären, falls Partner B sie nicht korrekt wiedergegeben hat. Dies fördert das Verständnis und reduziert Missverständnisse.

Übung 3: Reflexion

Die Reflexion geht über einfache Wiederholung oder Paraphrasierung hinaus. Nachdem Partner A einen Gedanken oder ein Gefühl geteilt hat, reflektiert Partner B das Gehörte und drückt sein Verständnis für die Gefühle und Emotionen von Partner A aus. Dies kann ein Gefühl der Validierung und Akzeptanz schaffen. Es geht nicht darum, mit dem Partner übereinzustimmen, sondern Verständnis für seine Perspektive zu zeigen.

Beispielhaft könnte Partner A sagen: "Ich fühle mich frustriert, wenn du mir nicht bei den Hausarbeiten hilfst." Partner B könnte antworten: "Ich verstehe, dass du dich frustriert fühlst, wenn du denkst, dass du alles alleine machst. Es ist dir wichtig, meine Hilfe bei den Hausarbeiten zu haben."

Diese Übungen zum aktiven Zuhören können anfangs schwierig erscheinen, besonders wenn man nicht daran gewöhnt ist, auf diese Weise zu kommunizieren. Mit Übung werden sie jedoch helfen, Empathie, Verständnis und gegenseitigen Respekt zu entwickeln, was wesentliche Bestandteile einer effektiven Kommunikation und einer gesunden Beziehung sind. Denken Sie daran, dass das Engagement und der Wille zur Verbesserung wichtiger sind als Perfektion.

Übungen zur Selbstausdruck.

Der effektive Ausdruck von Gefühlen, Wünschen und Bedürfnissen ist ein grundlegender Pfeiler der Kommunikation in Paarbeziehungen. Es geht nicht nur darum, offen zu sprechen, sondern auch respektvoll und empathisch zu sein. Hier sind einige Übungen, um diese Fähigkeit zu verbessern:

Übung 1: Ich-Botschaft

Die Ich-Botschaft ist ein sehr nützliches Werkzeug, um seine Gefühle auszudrücken, ohne den Partner zu beschuldigen oder zu kritisieren. Diese Technik beinhaltet die Äußerung von drei Schlüsselelementen: das spezifische Verhalten, das die Reaktion verursacht hat, die Gefühle, die dieses Verhalten hervorruft, und die Auswirkungen, die es auf dich hat.

Anstatt zu sagen: "Du kommst immer zu spät!", könntest du sagen: "Wenn du zu spät kommst (Verhalten), fühle ich mich frustriert (Gefühl), weil es den Eindruck erweckt, dass meine Zeit dir nicht wichtig ist (Auswirkung)".

Übung 2: Gewaltfreie Kommunikation

Gewaltfreie Kommunikation (GfK) ist eine von dem Psychologen Marshall Rosenberg entwickelte Technik. Sie umfasst vier Schritte: Beobachtung, Gefühl, Bedürfnis und Bitte.

Anstatt zu sagen: "Du hilfst mir nie mit den Kindern", könntest du sagen: "Ich habe bemerkt, dass du in letzter Zeit nicht viel Zeit mit den Kindern verbracht hast (Beobachtung). Ich fühle mich etwas überfordert (Gefühl), weil ich Hilfe und eine ausgewogene Aufteilung der Familienverantwortlichkeiten brauche (Bedürfnis). Könntest du am Wochenende etwas Zeit mit ihnen verbringen (Bitte)?"

Übung 3: Wertschätzung ausdrücken

In Paarbeziehungen konzentrieren wir uns oft auf das Negative und vernachlässigen es, die positiven Verhaltensweisen des Partners anzuerkennen und zu würdigen. Nimm dir jeden Tag einen Moment Zeit, um etwas zu teilen, das du an deinem Partner schätzt. Es kann etwas Großes oder Kleines sein, wichtig ist, dass es aufrichtig ist.

Kapitel 10

Erfolge aufrechterhalten: Wie man zukünftige Krisen verhindert.

Vorbeugen ist besser als heilen: Krisenprävention.

Eine gute Kommunikation und eine effektive emotionale und sexuelle Intimität zu erreichen, ist eine bedeutende Errungenschaft für ein Paar. Dennoch erfordert das Aufrechterhalten dieser Erfolge im Laufe der Zeit eine kontinuierliche Anstrengung und vor allem eine proaktive Krisenprävention.

In Paarbeziehungen ist Prävention tatsächlich viel effektiver als Heilung. Krisen sind oft das Ergebnis ungelöster Probleme, die sich im Laufe der Zeit anhäufen. Wenn diese Probleme rechtzeitig angegangen werden, können viele der Krisen vermieden werden, die Paare belasten. Aber wie kann man in einer Partnerschaft präventiv handeln?

\

Zunächst ist es entscheidend, die Kommunikationswege offen zu halten. Das bedeutet nicht nur, über Probleme zu sprechen, sobald sie auftreten, sondern auch regelmäßig Gefühle, Gedanken und Bedenken mit dem Partner zu teilen. Dies kann Missverständnisse und Fehlkommunikation verhindern, die leicht zu Konflikten führen können. Denken Sie an die Kommunikationsübungen, die wir in früheren Kapiteln erkundet haben, und versuchen Sie, sie in Ihren Alltag zu integrieren.

Darüber hinaus ist es wichtig, die Fähigkeiten zur Konfliktlösung aktiv einzusetzen. Auch wenn es keine offensichtlichen Konflikte gibt, kann die Übung dieser Fähigkeiten helfen, zukünftige Krisen zu verhindern. Zum Beispiel können Sie regelmäßige "Check-ins" planen, bei denen Sie proaktiv über mögliche Probleme oder Bedenken sprechen können, die auftauchen könnten. Diese können als "Gesundheitsbilanz" Ihrer Beziehung betrachtet werden, bei denen Sie jede Angelegenheit ansprechen können, bevor sie zu einer Krise wird.

Die Prävention von Krisen in einer Partnerschaft erfordert auch eine konstante Aufmerksamkeit für die Qualität der Intimität, sowohl emotional als auch sexuell. Die Aufrechterhaltung der Intimität in einer Beziehung erfordert Anstrengung und Hingabe, ist aber einer der effektivsten Wege, um Krisen zu verhindern. Denken Sie daran, Zeit dafür zu widmen, die Intimität mit Ihrem Partner zu pflegen, sei es durch emotionale Austausche oder durch Sexualität.

Schließlich ist eine der effektivsten Möglichkeiten, Krisen in einer Partnerschaft zu verhindern, die Selbstverbesserung. Dies bedeutet, an sich selbst zu arbeiten, die emotionale Intelligenz zu entwickeln, die Kommunikationsfähigkeiten zu verbessern und ein höheres Selbstbewusstsein zu erlangen. Diese Arbeit an sich selbst wird nicht nur die Qualität Ihrer Beziehung verbessern, sondern Ihnen auch helfen, zukünftige Krisen besser zu bewältigen.

Denken Sie daran, vorbeugen ist immer besser als heilen. Mit offener Kommunikation, aktiver Übung der Konfliktlösungsfähigkeiten, ständiger Aufmerksamkeit für die Intimität und kontinuierlicher Selbstentwicklung können viele der Krisen vermieden werden, die Paarbeziehungen belasten. Und wenn Krisen auftreten, sind Sie besser gerüstet, um ihnen zu begegnen und sie zu überwinden.

Im nächsten Abschnitt werden wir weitere Strategien zur Aufrechterhaltung erreichter Erfolge und zur Prävention zukünftiger Krisen erkunden.

Langfristige Aufrechterhaltung positiver Veränderungen

\

Die Fähigkeit, positive Veränderungen langfristig aufrechtzuerhalten, ist ein entscheidender Faktor für den Erfolg einer Paarbeziehung. Aber wie kann man das tun? Dies erfordert kontinuierliches Engagement, die Bereitschaft zur Anpassung und Veränderung sowie die Ausdauer, um die unvermeidlichen Hindernisse zu überwinden, die im Laufe der Zeit auftauchen.

Der erste Schritt besteht darin, anzuerkennen, dass Veränderung ein fortlaufender Prozess ist, kein einzelnes Ereignis. Die positiven Veränderungen, die Sie in Ihrer Beziehung vorgenommen haben, sind kein Endziel, sondern vielmehr der Ausgangspunkt für weitere Verbesserungen. Es gibt kein "Ende" der Veränderung. Tatsächlich ist die Fähigkeit, sich anzupassen und gemeinsam zu verändern, ein Zeichen für eine gesunde und starke Beziehung. Ein wesentlicher Aspekt der Aufrechterhaltung positiver Veränderungen ist die kontinuierliche Praxis. Kommunikationsfähigkeiten, Konfliktlösungstechniken, Übungen zur Stärkung der Intimität - all diese Dinge erfordern Übung. Es reicht nicht aus, diese Fähigkeiten einmal zu erlernen und dann zu vergessen. Sie müssen regelmäßig geübt werden, auch wenn es gut läuft.

Es ist auch wichtig, Erfolge zu feiern. Wenn Sie ein Ziel erreichen, kann es als positive Verstärkung dienen, die Sie motiviert, die Veränderung aufrechtzuerhalten. Das bedeutet nicht unbedingt, dass Sie jedes Mal eine große Party veranstalten, wenn Sie einen Konflikt lösen. Es kann einfach bedeuten, die Anstrengungen des anderen anzuerkennen und den Fortschritt, den Sie gemacht haben, zu würdigen.

Ein weiteres grundlegendes Element, um positive Veränderungen aufrechtzuerhalten, ist die Selbstreflexion. Dies beinhaltet die Zeit nehmen, um über Ihre Handlungen, Gedanken und Gefühle nachzudenken. Die Selbstreflexion kann Ihnen helfen, Bereiche zu identifizieren, in denen Sie sich verbessern können, zu verstehen, was funktioniert und was nicht, und bewusstere Entscheidungen über zukünftige Handlungen zu treffen.

Darüber hinaus ist gegenseitige Unterstützung entscheidend, um positive Veränderungen aufrechtzuerhalten. Die Unterstützung des Partners kann ein kraftvoller Anreiz sein, um weiterhin die notwendigen Anstrengungen zur Aufrechterhaltung der Veränderungen zu unternehmen. Unterstützung kann in vielerlei Formen erfolgen, angefangen von aufmerksamem Zuhören, wenn der andere reden möchte, bis hin zur Ermutigung, wenn der andere eine Herausforderung meistert, bis hin zur gemeinsamen Feier von Erfolgen. Schließlich ist es wichtig, geduldig zu sein. Veränderung braucht Zeit und es kann Höhen und Tiefen auf dem Weg geben. Es kann notwendig sein, unterwegs Anpassungen vorzunehmen, und es können Zeiten der Frustration auftreten. Aber denken Sie daran: Nicht die Geschwindigkeit, mit der Sie Fortschritte machen, ist wichtig, sondern die Richtung, in die Sie sich bewegen. Zusammenfassend erfordert die Aufrechterhaltung positiver Veränderungen Engagement, Praxis, Feiern von Erfolgen, Selbstreflexion, gegenseitige Unterstützung und Geduld. Mit diesen Elementen sind Sie in der Lage, eine starke und dauerhafte Beziehung aufzubauen, die den Herausforderungen der Zeit standhalten kann.

\

Die in den vorherigen Absätzen diskutierten Konzepte sind nur nützlich, wenn sie aktiv und regelmäßig angewendet werden. Um diesen Prozess zu erleichtern, werden hier einige Übungen vorgestellt, die Paare gemeinsam durchführen können, um die Beziehung gesund und stark zu halten.

1. Tägliche Wertschätzung ausdrücken

Diese Übung ist einfach, aber kraftvoll. Findet jeden Tag einen Moment, um einander Wertschätzung zu zeigen. Es kann etwas Großes oder Kleines sein, von der Anerkennung für die Bewältigung einer schwierigen Aufgabe bis hin zum Dank für eine freundliche Geste. Es ist wichtig, dies aufrichtig und konkret zu tun.

2. Wöchentlicher Check-in

Wählt jede Woche einen Zeitpunkt, um ein "Check-in" in der Beziehung durchzuführen. Dies ist ein Moment, um offen über den aktuellen Stand zu sprechen, mögliche Probleme zu bemerken und Ziele für die nächste Woche zu setzen. Dies hilft dabei, kleine Probleme daran zu hindern, sich zu großen Konflikten zu entwickeln.

3. Praxis des aktiven Zuhörens

Diese Übung kann zu jeder Zeit durchgeführt werden, kann aber besonders während des wöchentlichen Check-ins hilfreich sein. Wenn dein Partner spricht, tue dein Bestes, um aufmerksam zuzuhören, ohne zu unterbrechen oder darüber nachzudenken, was du als nächstes sagen wirst. Wenn er fertig ist, paraphrasiere, was er gesagt hat, um sicherzustellen, dass du es richtig verstanden hast.

4. Übung des Erinnerns und Teilens

Diese Übung kann helfen, die Verbindung zwischen euch beiden zu stärken. Nehmt euch Zeit, um die glücklichen Erinnerungen zu teilen, die ihr gemeinsam habt. Es kann etwas Aktuelles sein oder weit in der Vergangenheit liegen. Der Punkt ist, sich an die glücklichen Momente zu erinnern, die ihr geteilt habt, und die Bindung zu stärken.

5. Regelmäßige Verabredungen

Verabredungen sollten nicht aufhören, nur weil Sie in einer langfristigen Beziehung sind. Nehmen Sie sich regelmäßig Zeit, um etwas Besonderes zusammen zu unternehmen, sei es ein romantisches Abendessen oder ein Spaziergang im Park. Dies kann helfen, die Flamme in Ihrer Beziehung am Leben zu erhalten.

Für Paare mit Kindern können diese Übungen leicht angepasst werden. Zum Beispiel können Verabredungen zu Familienveranstaltungen werden, bei denen die ganze Familie etwas Besonderes zusammen unternimmt. Oder das Übung zur gemeinsamen Erinnerungs teilen kann glückliche Erinnerungen beinhalten, die Sie als Familie haben.

Darüber hinaus möchten Paare mit Kindern möglicherweise spezifische Übungen für die Elternschaft hinzufügen. Sie könnten zum Beispiel ein wöchentliches "Eltern-Check-in" durchführen, bei dem Sie offen über die Erfolge und Herausforderungen sprechen, die Sie in dieser Woche als Eltern hatten. Oder Sie könnten eine Übung machen, bei der Sie Wertschätzung für die Dinge ausdrücken, die der andere als Elternteil getan hat.

Denken Sie daran, dass Offenheit, Ehrlichkeit und Kommunikation in all diesen Übungen wichtig sind. Das sind die Schlüssel für eine erfolgreiche langfristige Beziehung.

KAPITEL 11

Wann professionelle Hilfe suchen.

Erkennen, wann professionelle Hilfe erforderlich ist.

Auf der Reise des Lebens als Paar gibt es Momente, in denen man sich verloren oder überfordert fühlen kann. Momente, in denen die Probleme zu groß erscheinen, um sie alleine zu bewältigen, und Lösungen zu schwer fassbar sind. In solchen Momenten kann es hilfreich sein, professionelle Hilfe in Anspruch zu nehmen. Aber wie weiß man, wann der richtige Zeitpunkt gekommen ist? Wie erkennt man, wann professionelle Hilfe erforderlich ist?

Fruchtlose Kommunikation

Kommunikation ist das Fundament jeder Beziehung. Wenn du bemerkst, dass deine Versuche, zu kommunizieren, immer konfrontativer werden oder wenn Stille zur Norm wird, könnte es an der Zeit sein, Hilfe zu suchen. Dies gilt insbesondere, wenn du verschiedene Methoden ausprobiert hast, um die Kommunikation zu verbessern, die jedoch nicht zu funktionieren scheinen. Ein Paartherapeut kann dir helfen, ungesunde Kommunikationsmuster zu erkennen und zu ändern.

Vertrauenskrise

Vertrauen ist ein weiteres entscheidendes Element in einer Beziehung. Wenn das Vertrauen beeinträchtigt wurde, zum Beispiel aufgrund von Untreue oder Betrug, kann es sehr schwierig sein, es alleine wieder aufzubauen. Professionelle Hilfe kann dir die Werkzeuge geben, um mit Schmerz und Unsicherheit umzugehen und den Prozess der Heilung und des Wiederaufbaus zu beginnen.

Emotionale Trennung

Fühlst du dich emotional distanziert von deinem Partner? Verbringst du mehr Zeit getrennt als zusammen? Hast du das Gefühl, nicht mehr verliebt zu sein? Wenn die Antwort auf diese Fragen ja lautet, könnte es an der Zeit sein, professionelle Hilfe zu suchen. Emotionale Entfremdung kann ein Zeichen dafür sein, dass die Beziehung in einer Krise steckt und eine Intervention erforderlich ist, um wieder eine Verbindung herzustellen.

Ungelöste Konflikte

Jedes Paar hat Meinungsverschiedenheiten. Wenn ihr jedoch immer wieder über dieselben Probleme streitet, ohne eine Lösung zu finden, könnte die Unterstützung eines Therapeuten hilfreich sein. Ein professioneller Therapeut kann dir helfen zu verstehen, warum bestimmte Probleme so schwer zu lösen sind, und neue Strategien entwickeln, um ihnen zu begegnen.

Eine unbefriedigende Sexualität

Die Sexualität ist ein wichtiger Aspekt einer Paarbeziehung. Wenn dein Sexualleben unbefriedigend ist, es Unterschiede im sexuellen Verlangen gibt oder du mit sexuellen Problemen konfrontiert wirst, die du alleine nicht lösen kannst, kann ein Therapeut dir helfen. Sexualtherapeuten können gezielte Strategien und Therapien anbieten, um Paaren zu helfen, diese Probleme zu überwinden.

Gedanken an Trennung

Wenn du darüber nachdenkst, dich zu trennen oder zu scheiden, dir aber nicht sicher bist, was du tun sollst, könnte es an der Zeit sein, professionelle Hilfe zu suchen. Ein Therapeut kann dir helfen, deine Gefühle zu erkunden und zu verstehen, ob diese Gedanken auf vorübergehende Probleme oder tiefere Probleme in deiner Beziehung zurückzuführen sind.

Elternschaft kann weitere komplexe Aspekte in die Paardynamik bringen. Berücksichtige auch diese Punkte:

Schwierigkeiten, die Rolle als Eltern und Partner in Einklang zu bringen.

Viele Paare konzentrieren sich so sehr auf die Rolle als Eltern, dass sie vergessen, auch Partner zu sein. Wenn du das Gefühl hast, dass eure Beziehung eher zu einer gemeinsamen Elternaufgabe als zu einer romantischen Beziehung geworden ist, kann ein Paartherapeut dir helfen, das Gleichgewicht wiederzufinden.

Meinungsverschiedenheiten bei der Kindererziehung

Wenn Konflikte darüber, wie man die Kinder erzieht, erhebliche Spannungen in eurer Beziehung verursachen, könnte es Zeit sein, Hilfe zu suchen. Ein Fachmann kann eine neutrale Perspektive bieten und euch helfen, gemeinsame Grounds zu finden.

Stress im Zusammenhang mit der Elternschaft

Eltern zu sein kann wunderbar sein, aber es kann auch unglaublich stressig sein. Wenn die Belastung dieser Verantwortungen eure Beziehung belastet, kann ein Therapeut euch dabei helfen, den Stress besser zu bewältigen und Lösungen zur Entlastung zu finden.

Veränderungen in der Familiendynamik

Die Ankunft eines neuen Familienmitglieds, wie ein Baby, oder eine Veränderung in der Familiendynamik, wie der Eintritt eines Kindes ins Teenageralter, kann Spannungen und Konflikte verursachen. Professionelle Hilfe kann Werkzeuge bereitstellen, um diese Veränderungen konstruktiv zu bewältigen.

Denke daran, jede Familie hat ihre einzigartigen Herausforderungen. Es gibt kein "One-Size-Fits-All" für Beziehungen oder Elternschaft. Wenn jedoch die Probleme, mit denen du konfrontiert wirst, eure Fähigkeit beeinträchtigen, als Paar funktionieren oder ein effektiver Elternteil sein zu können, könnte es an der Zeit sein, Hilfe zu suchen. Es gibt keinen Grund, sich dafür zu schämen, Unterstützung zu suchen. Jeder von uns verdient es, in einer glücklichen und erfüllten Beziehung zu leben und der Elternteil zu sein, der er sein möchte. Ein Fachmann kann dir helfen, herauszufinden, wie das möglich ist.

Zu erkennen, wann professionelle Hilfe erforderlich ist, ist keine leichte Aufgabe. Es ist ein Prozess, der Ehrlichkeit, Selbstreflexion und Mut erfordert. Aber es ist auch ein wesentlicher Schritt hin zu einer gesünderen und glücklicheren Beziehung. Wenn du dich in einer dieser Situationen befindest, zögere nicht, Hilfe zu suchen.

Was ist ein Therapeut und welche Rolle spielt er?

Zuallererst ist es wichtig zu verstehen, wer ein Therapeut ist und welche Rolle er spielt. Ein Therapeut ist ein Fachmann, der sich auf die Behandlung von psychischen Problemen und emotionalen Schwierigkeiten spezialisiert hat. Die Therapie kann Einzelpersonen, Paare oder Familien betreffen. Insbesondere die Paartherapie konzentriert sich auf die Verbesserung der Kommunikation und der Problemlösung innerhalb einer Beziehung.

Zu berücksichtigende Faktoren bei der Wahl:

1. Erfahrung und Spezialisierung: Nicht alle Therapeuten sind gleich. Einige haben spezifisches Training in der Arbeit mit Paaren und Familien. Suche nach einem Therapeuten, der Erfahrung und Ausbildung in den Problemen hat, mit denen du kämpfst.

\

Dies ist ein entscheidender Aspekt. Therapeuten haben wie andere Fachleute ihre Fachgebiete und Spezialisierungen. Zum Beispiel können einige spezifische Schulungen in der Arbeit mit Paaren, der Trauerbewältigung, der kognitiven Verhaltenstherapie oder der Behandlung bestimmter psychischer Erkrankungen wie Angst oder Depression haben. Versuche herauszufinden, ob dein potenzieller Therapeut Erfahrung in der Arbeit mit ähnlichen Problemen hat, mit denen du konfrontiert bist. Du kannst dies überprüfen, indem du ihr professionelles Profil online ansiehst, während eines anfänglichen Beratungsgesprächs fragst oder einen Fachmann fragst, der dir eine Empfehlung gegeben hat.

2. Therapiemethode: Es gibt viele Ansätze zur Paartherapie. Einige Therapeuten können kognitive Verhaltenstherapie (CBT), psychodynamische Therapie, klientenzentrierte Therapie, systemische Familientherapie und so weiter verwenden. Jeder Ansatz hat seine eigenen Techniken, Ziele und Vorstellungen über den menschlichen Geist und das Verhalten. Darüber hinaus können unterschiedliche Ansätze für verschiedene Probleme oder Ziele effektiver sein. Während deiner Recherche oder deines ersten Beratungsgesprächs versuche herauszufinden, welchen Ansatz oder welche Ansätze der Therapeut verwendet und wie sie dir helfen können.

3. Persönliche Verbindung: Dies mag offensichtlich sein, ist aber wichtig. Du musst dich mit deinem Therapeuten wohl fühlen. Dies ist jemand, mit dem du über sehr persönliche Probleme sprechen wirst. Wenn du dich nicht wohl fühlst, könnte es schwierig sein, dich zu öffnen und Fortschritte zu machen.

4. Logistik: Dies umfasst eine Vielzahl praktischer Faktoren, die sich auf deine Fähigkeit auswirken können, Zugang zur Therapie zu haben und sich darauf einzulassen. Zum Beispiel, wo befindet sich das Büro des Therapeuten? Was sind seine Arbeitszeiten? Wie viel kostet jede Sitzung und akzeptiert er deine Versicherung oder bietet gestaffelte Gebühren an? Dies sind alles Faktoren, die du berücksichtigen musst.

5. Feedback und Fortschritt: Ein guter Therapeut sollte in der Lage sein, dir ein gewisses Maß an Rückmeldung über deinen Fortschritt zu geben und mit dir einen Behandlungsplan zu besprechen. Wenn du nach einer bestimmten Zeit keine Verbesserungen in deinem Wohlbefinden oder beim Erreichen deiner Therapieziele siehst, könnte es notwendig sein, diese Bedenken mit deinem Therapeuten zu besprechen oder in Betracht zu ziehen, jemand anderen aufzusuchen.

Wo man den richtigen Therapeuten finden kann:

\

1. Persönliche Empfehlungen: Es ist ein guter Ausgangspunkt, Personen des Vertrauens um Empfehlungen zu bitten. Dies können Freunde, Familienmitglieder oder andere Gesundheitsfachkräfte sein, zu denen Sie bereits eine Beziehung haben. Bedenken Sie jedoch, dass das, was für eine Person funktioniert, für eine andere möglicherweise nicht funktioniert. Verwenden Sie Empfehlungen daher als Ausgangspunkt, nicht als endgültige Antwort.

2. Hausarzt: Ihr Hausarzt oder der Kinderarzt Ihrer Kinder kann eine gute Quelle sein, um einen vertrauenswürdigen Therapeuten zu empfehlen. Sie sind oft über die mentalen Gesundheitsfachkräfte in Ihrer Region informiert und können Sie zu denen führen, die eine gute Übereinstimmung sein könnten.

3. Berufsverbände: Berufsverbände für Therapeuten und Psychologen haben oft Online-Verzeichnisse, die Sie nutzen können, um Therapeuten in Ihrer Region zu suchen. Diese Verzeichnisse können oft nach Spezialisierungsgebieten, Therapiemethoden und anderen Faktoren gefiltert werden.

4. Krankenversicherung: Wenn Sie eine Krankenversicherung haben, kann Ihr Anbieter eine Liste von Therapeuten haben, die von Ihrem Plan abgedeckt werden. Dies kann ein guter Ausgangspunkt sein, insbesondere wenn die Kosten für Sie ein wichtiger Faktor sind.

5. Gemeinde- oder Universitätszentren für psychische Gesundheit: Diese Zentren bieten oft erschwingliche Therapie an und können Therapeuten mit verschiedenen Spezialisierungen haben.

6. Online-Therapie und -Apps: Heutzutage gibt es viele Online-Plattformen und Apps, die Ihnen helfen können, einen Therapeuten zu finden. Einige dieser Plattformen, wie BetterHelp oder Talkspace, stellen Ihnen auch einen Therapeuten entsprechend Ihren Bedürfnissen und Vorlieben zur Verfügung.

Denken Sie daran, dass es am wichtigsten ist, einen Therapeuten zu finden, mit dem Sie sich wohl fühlen und der Ihnen dabei helfen kann, Ihre Ziele zu erreichen. Es gibt keinen "richtigen" oder "falschen" Ort, um nach einem Therapeuten zu suchen. Jede Option hat ihre Vor- und Nachteile, und es geht darum, das zu finden, was für Sie am besten funktioniert.

Die Wahl eines Therapeuten ist ein sehr persönlicher Prozess. Nehmen Sie sich Zeit für Recherche und stellen Sie Fragen. Haben Sie keine Angst, "einzukaufen", bis Sie die richtige Person finden. Seien Sie geduldig mit sich selbst im Prozess. Die Suche nach dem richtigen Therapeuten kann Zeit in Anspruch nehmen, aber das Endergebnis wird es wert sein.

\

Zuerst ist es wichtig zu verstehen, dass Paartherapie keine schnelle und magische Lösung ist. Sie erfordert Engagement, Zeit und Energie. Lass die Therapie ihr Potenzial entfalten, wie eine Blume, die sich langsam öffnet.

1. Gehe mit offener Einstellung hinein:

Um das Beste aus der Paartherapie herauszuholen, ist es entscheidend, mit einer offenen Einstellung hineinzugehen. Bereite dich darauf vor, dass du möglicherweise neue Dinge über dich selbst und deine Beziehung entdecken könntest, von denen einige unangenehm sein können. Bist du bereit für diese Reise?

2. Ehrlichkeit:

Ehrlichkeit ist ein entscheidendes Element für den Erfolg der Paartherapie. Dies beinhaltet Ehrlichkeit gegenüber dir selbst, deinem Partner und dem Therapeuten. Denke daran, der Therapeut ist da, um dir zu helfen, nicht um dich zu beurteilen.

3. Kommunikation:

Kommunikation ist das Herzstück der Paartherapie. Es kann schwierig sein, deine Gefühle auszudrücken, besonders wenn sie negativ sind. Es ist jedoch wichtig, dass du und dein Partner euch offen und respektvoll ausdrücken.

4. Engagement im Prozess:

Paartherapie erfordert Engagement von beiden Partnern. Dies bedeutet nicht nur die Teilnahme an den Sitzungen, sondern auch zusätzliche Arbeit außerhalb der Sitzungen. Dies kann Hausaufgaben, Lesen oder andere vom Therapeuten vorgeschlagene Aktivitäten umfassen.

5. Geduld:

Wie bereits erwähnt, ist Paartherapie kein schneller Prozess. Es wird Zeit brauchen, um Probleme zu lösen und Verhaltensweisen zu ändern. Geduld mit dir selbst, deinem Partner und dem Prozess kann einen großen Unterschied machen.

6. Vertraulichkeit ernst nehmen:

Was in der Therapie besprochen wird, sollte auch dort bleiben. Dies schafft einen sicheren Raum, in dem du und dein Partner sich frei äußern können.

\

7. Verantwortung:

Es ist wichtig, den eigenen Anteil an der Verantwortung für die Beziehungsprobleme anzuerkennen. Paartherapie geht nicht darum, wer Recht oder Unrecht hat, sondern darum, gemeinsam an der Verbesserung der Beziehung zu arbeiten.

Wenn du diese Punkte berücksichtigst, bist du bereits auf dem richtigen Weg, das Beste aus der Paartherapie herauszuholen. Denke jedoch daran, dass jede Beziehung einzigartig ist und was für ein Paar funktioniert, möglicherweise für ein anderes nicht funktioniert. Sei also offen dafür, deine Herangehensweise bei Bedarf anzupassen. Das Wichtigste ist, dass du und dein Partner gemeinsam daran arbeiten, eine stärkere und gesündere Beziehung aufzubauen.

Ein besonderes Anliegen

Ihre kurze Amazon-Rezension könnte uns
wirklich helfen.
Ich würde mich freuen, Ihre ehrliche Meinung
zu hören,
auch mit Foto oder Video des Buches,
hier oder durch Scannen des Codes:

https://www.amazon.de/review/create-
review/?&asin=B0CW1MX5TS

BONUS FREE

Laden Sie den praktischen Leitfaden jetzt herunter: Fortgeschrittene Techniken zum Ausdruck von Bedürfnissen und Wünschen

https://forms.gle/SpGyDyRQ5NHoRjeY6

Referenzen

- 1. "La comunicazione non violenta" - Marshall Rosenberg;

- 2. "Gli uomini vengono da Marte, le donne da Venere" - John Gray;

- 3. "The Five Love Languages" - Gary Chapman;

- 4. Psicologia Oggi;

- 5. PubMed:

- 6. American Psychological Association (APA);

- 7. "Terapia di coppia per amanti" - Raffaele Morelli;

- 8. "Psicologia della coppia" - Robert Epstein;

- Bilder:: Pixabay.com